KB033415

영업의
고수는
다르게
생각한다

First published as
"Nicht gekauft hat er schon - So denken Top-Verkäufer"

by Martin Limbeck © 2013 by Redline Verlag,
Muenchner Verlagsgruppe GmbH, Munich, Germany.
www.redline-verlag.de
All rights reserved.

Translated through mediation of Greenbook Lit. Agency, Seoul.
Korean translation copyright © 2015 Galmaenamu Publishing Co.

이 책의 한국어판 저작권과 판권은 저작권 에이전시 그린북을 통한
저작권자와의 독점 계약으로 도서출판 갈매나무에 있습니다.
저작권법에 의해 한국 내에서 보호를 받는 저작물이므로
무단 전재와 무단 복제, 전송, 배포 등을 금합니다.

영업의
고수는
다르게
생각한다

최고
영업자가
일하는 방식은
무엇이 어떻게
다른가

마르틴 림벡 지음
장혜경 옮김

Nicht gekauft hat er schon

갈매나무

Contents

정직하고 집요하게!
최고 영업자가 일하는 방식

'그는 벌써 한 번 거절을 했다.' 이 말은 강연이나 세미나에서 영업자의 올바른 자세를 언급할 때 내가 자주 쓰는 말이다. 이 말을 내가 좋아하는 이유는 많은 우리 영업 동료들이 힘들어하는 지점을 이 말이 아주 정확하게 짚고 있기 때문이다. 다시 말해 영업자의 마음가짐을 한마디로 요약하기 때문이다.

평균을 넘어서는 성공의 비결은 마음가짐이라고 나는 생각한다. 영업자뿐 아니라 어떤 직업, 어떤 연령에도 적용되는 진리이다.

나의 다른 책을 읽어본 독자들이라면 내가 가면을 즐기는 인간 부류가 아니라는 것을 잘 알 것이다. 투덜이도, 꽁생원도, '어차피 해도 안 될 텐데' 타입도 싫어한다. 그런 의미에서 오래전부터 자의식과 마음가짐, 기본 태도를 주제로 책을 한 권 쓰고 싶었다. 특별한 방식의 '뉴 하드셀링'을 보완하고 넓혀줄 책을 말이다. 이 책의 주제는 올바른 대화법이 아니다. 계약 체결의 기술이나 반론 대처법도 아니다. 이 책의 주제는 올바른 생각이다.

나의 성공과 당신의 성공에 관하여

올바른 생각. 내가 보기엔 이것이야말로 영업자가 넘어야 할 가장 큰 산이다. 하지만 그 산을 넘으면 반드시 성공이 찾아오기에, 근본적으로 이 책은 성공에 관한 책이다. 성공을 다룬 대부분의 책들은 별로 설득력이 없다. 그리고 나는 성공에 관한 책을 쓴 대부분의 사람들처럼 대단한 삶을 살지도 못했다. 파산을 한 적도, 밑바닥까지 떨어져본 적도 없고, 불사조처럼 부활을 해본 경험도 없다. 그러니 나는 나만의 방법으로 이 책을 썼다. 실패를 딛고 일어선 성공 스토리 대신 나 자신의 체험담들, 평범하고 소소한 경험담과 만남들을 담았다. 한마디로 진짜 삶, 나만의 성공을 담은 것이다. 그것이야말로 수많은 영업자들에게 모범이 될 것이라 믿기 때문이다. 그렇다. 나는 성공했다. 아마 이렇게 성공했다고 당당하게 말할 사람은 많지 않을 것이다. 어쨌든 나는 성공했다. 나는 최고 영업자다. 그리고 용기를 내 나 자신에 대해, 나의 성공에 대해, 그리고 나의 실패에 대해 쓰기로 결심하였다.

"자신을 찾은 사람은 잃을 것이 없다."

그렇다. 실패 역시 포함된다. 당신은 인생이 내게 준 혹독한 교훈에 대해, 경솔하게 밟았던 바나나 껍질에 대해, 그리고 나의 스타일을 전혀 좋아하지 않았던 사람들과의 만남에 대해 듣게 될 것이다.

하지만 자서전을 쓰겠다는 것이 아니다. 이 책을 쓰는 나에게 가장 중요한 것은 당신이다. 나는 이 책을 통해 당신이 자신의 길을 걸어갈 용기를 가졌으면 좋겠다. 때로 힘들겠지만 수미일관되게, 다른 사람이 뭐라고 하건 아랑곳하지 않고 걸어갈 용기를 말이다. 그러한 용기를 줄 수 있다면 나는 기꺼이 본보기가 될 것이며 손해도 감수할 것이다. 하지만 당신도 나와 똑같이 하라는 말은 절대 아니다. 내가 이 책을 쓴 이유는 내가 얼마나 멋진 놈인지를 보여주려는 것이 아니다. 나처럼 탄광촌에서 태어난 별 볼 일 없는 아이도 뭔가 이룰 수 있다는 것을 당신에게 보여주기 위해서 이 책을 썼다. 그저 자신이 하는 일에 열정을 불태우기만 하면 된다. 강해져라!

오늘날 우리 영업계엔 인물이 부족하다. 산전수전 다 겪은 오리지널이, 당당하게 "안녕하세요, 저는 영업 사원입니다. 물건 팔러 왔습니다"라고 말하는 영업자가 더 있어야 한다. 그래서 나는 이 책을 썼다. 무엇보다 당신에게 용기를 주기 위해서, 그리고 당신의 열정과 정열을 일깨우기 위해서 말이다. 가진 것을 잃을지 모른다는 두려움을 과감히 던져버리고 용기를 내보라. 고객에게 다가가 뭔가 독창적인 짓을, 말도 안 되는 황당한 짓을 해볼 용기를. '나인 투 파이브'와는 전혀 다른 짓을 저지를 용기를, 정해진 일과에 종지부를 찍을 용기를 내보라.

"자신을 찾은 사람은 이 세상에서 잃을 것이 없다." 작가 슈테판 츠바이크의 이 명언을 최고의 영업자들에게 꼭 들려주고 싶다.

모든 나의 고객들, 내 트레이닝과 강연 및 코칭의 참가자들, 내 동료들에게 나는 정말로 많은 것을 배웠다. 내가 최선을 다할 수 있도록 늘 나를 자극해준 그분들에게 진심으로 감사의 인사를 전하고 싶다.

또 나의 친구들, 나의 가족, 특히 아무리 힘든 일이 닥쳐도 항상 나를 믿어주신 부모님께도 감사의 말을 전한다. 내가 어떤 모습이어도 그들은 항상 내 편이었다. 지금까지도.

쾨니히슈타인에서
마르틴 림벡

1

기본기
: 영업의 고수는 이렇게 생각한다

당신은 열정으로 영업에 임해야 하고 고객은 당신과 즐거운 시간을 가져
야 한다. 그러자면 당신 자신이 정말 즐거워야 한다. 고객이 일단 웃음을
터뜨렸다면 그 영업은 성공한 것과 진배없다.

영업은 감정의 일이다. 이성이 하는 일은 그저 감정의 뒤나 쫓아다니면서
감정이 내린 결정에 적당한 핑계나 찾아주는 것이다. 감정은 언제나 이성
을 이긴다. 재미가 없으면 제아무리 머리를 쥐어짜 온갖 논리를 줄줄이 엮
는다 해도 아무 소용이 없다는 소리다.

당신이 무엇을 하는 사람인지
말하기가 겁나는가?

입을 다물고 숫자를 센다. 1, 2, 3…… 21, 22, 23. 자, 이제 내 질문에
대답을 해보라. 이 책을 끝까지 다 읽고 이 책의 내용에 남김없이 동
의한다면, 내가 이 책에서 진실을, 진실만을 말했다고 확신한다면 앞
으로 당신은 자기 일에 자부심을 느끼고 자신감이 넘치며 진심으로
영업을 즐기는 영업자가 될 수 있겠는가?

내가 당신에게 원하는 대답은 한 가지다. 영업이 숭고한 일이라는
이 책의 주장에 전적으로 동의하며 앞으로는 절대 주눅 들지 않겠다
는 대답이다. 나쁜 짓, 더러운 짓을 하고 있다고, 사람들을 현혹시켜
쓸데없는 것을 팔아먹는다고 자책하지 않겠다는 대답이다.

앞으로는 "난 영업을 잘 못해"라고 우기지 않을 텐가? 말도 안 되는
핑계 뒤로 숨지 않을 텐가?

"우기지도, 숨기지도 않겠다"라고 대답하라. 그래야 즐거운 마음으
로 책장을 넘길 수 있을 것이다. 그렇지 않은가?

어떻게 읽어보지도 않고 무조건 그렇게 대답하겠냐고? 걱정 마라.
어느 쪽이든 당신에게 득이 될 테니. 이 책을 읽은 후 당신은 둘 중 하

나를 선택할 수 있다. 내 주장에 동의하지 않는다면 영업에 대한 기존의 생각이 아무 문제가 없었다는 확신을 굳히게 될 것이다. 반대로 동의한다면 자신의 직업을 더 훌륭한 관점에서 바라볼 수 있을 것이고 더 큰 성공을 거둘 수도 있을 것이다. 물론 책을 읽으려면 시간이 들겠지만 아마 그리 손해 보는 장사는 아닐 것이다. 어쩌면 이 책이 당신의 인생에서 최고의 영업이 될지도 모를 일이니까.

이 책은 나의 제안이다. 나는 헨리 포드나 우리 할머니처럼 모든 이들이 어떤 제안이든 항상 철저하게 검토하길 바란다. 아무리 사소한 제안도 인생을 바꾸는 일생일대의 계기가 될 수 있다. 그러니 내 제안도 철저히 검토하라. 지금 당장!

⋮ 당신은 사기꾼이 아니다

막 보험 계약서에 사인을 하고 친절한 보험설계사를 문까지 배웅해 준 후 문을 닫고 돌아선 고객이 머리를 긁적이며 '조금만 더 버티다가 가입할걸' 하고 후회를 하거나 보험을 너무 많이 든 건 아닐까 고민을 한다면 불문율은 다시 깨지고 만 것이다.

당신이 영업자라면 반드시 명심해야 한다. 첫째, 영업자는 고객의 돈을 뺏는 날강도가 아니다. 둘째, 영업자는 고객을 보살피는 유모가 아니다. 영업자는 고객의 뺨을 후려갈기지도, 고객의 손을 꼭 쥐어주지도 않는다. 사기꾼도 아니고 고객 돌보미도 아니며, 세무서 직원도 아니고 고객의 엄마도 아니다.

그럼 당신은 누구인가? 어떤 일을 하는 사람일까? 당신은 거래를 제안하고 계약을 체결한다. 영업자와 고객은 자발적으로 무언가 기여를 하고 그 대가로 무언가를 취한다. 그것은 관계를 장기적으로 이어나가기 위한 투명하고 공정하고 공평하고 정직한 계약이다. 이런 유구한 역사의 상호성 원칙은 상호계약의 조건일 뿐 아니라 반나절 이상 유지되는 모든 사회 공동체의 기본 원칙이다. 이름하여 상호 호혜 원칙인 것이다. 나와 너, 우리는 악수를 나누고 거래를 성사시킨다. 다음번에 만났을 때도 부끄럼 없이 서로의 얼굴을 똑바로 쳐다볼 수 있도록 그렇게 계약을 체결한다. 이 원칙을 인정하지 않는 사람은 야만인이다. 영업자가 아니라 도둑놈이다.

이 원칙은 우리 문화의 기초이다. 우리는 아주 어릴 때부터 상대의 호의에는 보답을 해야 하며 모든 거래에는 예의 있게 임해야 한다고 배운다. "고맙다고 인사드렸니? 어서 말씀드려. 좀 더 크게!" 다하지 못한 의무는 부담으로 다가온다. 뭔가 빚을 진 것 같은 기분, 상대한테서 무언가를 빼앗은 기분은 불쾌할 정도로 서늘한 느낌이다. 말하자면 양심의 문제인 것이다. 어쨌든 나는 그렇다. 아마 당신도 그럴 것이다.

⋮ 당신은 영업자다

거짓은 관계를 떼어놓는다. 영업은 관계를 돈독하게 만든다. 가족이 씨족이 되고 부족이 될 수 있었던 것은 무엇 덕분이었을까? 노동

분업을 통한 거래 덕분이다. 나는 사냥을 하고 너는 과일을 따오는 것은 공정한 거래다. 부족을 국민으로 결합시킨 것은 무엇이었을까? 벽돌과 가죽을 팔았던 무역상, 공급과 수요가 맞아떨어졌던 시장 덕분이다. 오늘날 여러 나라의 국민들을 하나로 묶는 것은 무엇일까? 전 세계인을 나의 웹사이트로 보내주는 구글의 유료 검색 광고 애드워즈와, 우리 모두가 쉬지 않고 하고 있는 각종 글로벌 거래이다. 무언가를 파는 사람은 세계를 하나로 묶는다. 인류를 소통시키며 인간을 단결시킨다. 그렇지 않은가?

아마 당신은 이렇게 말할지도 모르겠다. "세상에, 이 사람 완전히 돌았나 봐. 이 사람 하드셀러(hardseller, 제품의 장점을 강하게 읍소하여 구매하도록 강요하는 설득 방법의 판매자) 아니었어?" 그렇다. 나는 지금도 하드셀러다. 그리고 절대로 돌지 않았다. 훌륭한 영업자는 좋은 일을 하는 사람이기도 하지만 장기적으로 볼 때 성공한 사람이기도 하다. 진정한 성공을 거둔 사람이다. 좋은 일을 하는 사람은 반드시 정당한 대가를 받을 것이기 때문이다. 내 말을 믿어도 좋다.

나는 딱 한 번 찾아가서 거절을 당한 다음 고객의 얼굴도 거울도 제대로 쳐다볼 수 없는 사람이 되기보다, 열 번을 찾아가서 매일 저녁 거울을 똑바로 쳐다볼 수 있는 사람이 되고 싶다.

자, 사실이 이런데도(그러니까 주고, 좋은 일을 하고, 세상을 단결시키고 공정하며 장기적인 관계를 추구하는데도), 즉 이렇게 영업이 고상한 일이자 우리의 신성한 의무인데도 당신은 고객에게 다가가 당신이 원하는 것이 고작 자문이라고 우길 텐가? 명함에다 기업 고객 자문이라고 적을 텐가? 지점장이라고, 대표라고, 컨설턴트라고 적을 텐가? 커피나 한잔하면서 한담이나 나누러 온 사람처럼 처신할 텐가? 당신이 무엇을 하는 사람인지 말하기가 겁이 나서? 당신은 영업자다. 그 사실에 자부심을 가져라!

고객은 승자한테서만 구매한다

최고 판매왕이 영업을 할 때는 직설적이다. 최고 판매왕의 자세는 세 가지로 요약할 수 있다. 포커스, 투철한 목표의식, 굳건한 믿음이다.

당신은 고객에게 갈 때 무엇을 가지고 가는가? 당연히 전문지식을 가지고 갈 것이다. 그건 두말할 필요가 없다. 전문지식은 당신의 두 다리가 딛고 선 단단한 땅이니까. 동의하는가? 그리고 필요한 서류들을 챙겨갈 것이다. 또 고객과 관련된 정보라면 하다못해 피우는 담배 종류까지 샅샅이 조사할 것이다. 좋은 인상을 주기 위해 외모에도 신경을 써야 한다. 이에 대해서는 뒤에서 다시 자세히 알아보기로 하자. 다 됐나? 더 필요한 건 없나? 그렇다. 긍정적인 자세가 필요하다. 좋은 결과를 바라는 희망도 필요하다.

잠깐만. 뭐라고? 희망이라고? 그건 아니다. 희망? 당신은 희망하지 않는다. 당신은 굳게 믿는다. 희망은 뒤로 미룬 실망이다. 절대 잊지 마라. 희망은, 뒤로 미룬, 실망이다.

⋮ 타고난 영업자는 없다

당신이 고객에게 가져가야 할 자세는 즐거움이 넘치는 굳건한 믿음이다. 포커스를 영업의 결과, 계약 체결에 맞추는 것이다. 당신한테서 구매를 하는 것이 고객에게 좋은 일이라고 확신한다면 당신은 무슨 일이 있어도 계약 체결을 바랄 것이고 계약 체결에 필요한 모든 일을 즐거운 마음으로 처리할 것이다. 당신의 마음엔 즐거움이 넘쳐날 것이다. 그리고 그 즐거움을 온몸으로 뿜어낼 것이다.

하지만 영업 사원들을 교육시키러 기업에 갈 때마다 나는 너무나 자주 목격한다. 살아 있는 시체들. 장례식장 분위기, 얼어붙은 표정, 쭈뼛대는 보디랭귀지, 기어들어가는 목소리를. 여기서는 눈을 씻고 찾아봐도 찾아볼 수 없는 것이 바로 즐거움과 기쁨이다.

믿기 어렵겠지만 어떤 고객은 날 영업계의 바울이라고 불렀다. 바로 그 진지함이야말로 내 기쁨의 원천이다. 나는 단 한 번도 꾸중 듣는 아이들처럼 걱정스러운 표정으로 울먹이며 중얼거리지 않았다. 나는 절대 머뭇머뭇 더듬거리지도 않는다. 나는 영업을 절대적으로 진지하게 생각한다. 영업은 놀이터가 아니라 내 생존의 건실한 기반이다. 내 삶이 영업이다. 나는 내 인생을 영업에 바쳤다. 그러므로 영업을 할 때 나는 화강암처럼 딱딱하다. 그리고 바로 이 진지한 자세에서 무한의 기쁨을 길러낸다. 기쁨은 내가 내 일에서 엄청난 즐거움을 느끼게 해주는 기반이다. 영업은 냉정하지도, 기계적이지도, 기술적이지도 않다. 영업은 고도로 감성적이고 열정적인 일이다.

그러니, 이제 당신의 자세를 한번 점검해보라. 자신을 정직하게 관찰해보라.

장담컨대 나 역시 영업자로 태어나지 않았다. 타고난 영업자? 그런 건 없다. 타고난 청소부나 세무서 직원, 운동선수가 없듯이. 타고난 영업자라고? 다 헛소리다. 세상 사람들이 다 그렇듯 나 역시 의미와 목표를 추구하였고 그 의미를 스스로에게 부여하였다. 자기가 하는 일에 열정적인 자세로 임하고 싶다면 그렇게 하겠다고 마음만 먹으면 된다.

⋮ 영업은 감정의 일이다

하지만 우리가 만나는 대부분의 영업은 어떤 모습인가? 의욕 없이 기계적으로 반복하는 제품 설명, 달달 외운 영업 문구, 심각하고 슬픈 표정으로 고객 왕 앞에서 굽실거리는 하인……. 영업에서 절대 보이지 말아야 할 태도들이다. 성공을 안겨다주지도 않고, 자신에게 정직한 것도 아닌 영업 방식이다.

당신은 열정으로 영업에 임해야 하고 고객은 당신과 즐거운 시간을 가져야 한다. 그러자면 당신 자신이 정말 즐거워야 한다. 고객이 일단 웃음을 터뜨렸다면 그 영업은 성공한 것과 진배없다.

영업은 감정의 일이다. 이성이 하는 일은 그저 감정의 뒤나 쫓아다니면서 감정이 내린 결정에 적당한 핑계나 찾아주는 것이다. 감정은 언제나 이성을 이긴다. 재미가 없으면 제아무리 머리를 쥐어짜 온갖 논리를 줄줄이 엮는다 해도 아무 소용이 없다는 소리다.

영업을 즐기기로 결심하였다면 게임이 어떻게 돌아가건 승리는 무조건 당신의 것이다. 애당초 당신이 이기기로 정해진 게임이다. 이것이야말로 진짜 미스터리다. 《고객은 승자한테서만 구매한다》라는 책 제목이 있다. 강렬한 제목, 강렬한 책, 강렬한 주장이다. 나는 그 주장에 동의한다. 저자의 이름은 H.C. 알트만이다. 나는 어딜 가나 말한다. 그 책이 독일에서 세 번째로 최고인 책이라고.

그것이 실제로 무슨 의미인지 예를 들어 설명하자면 이렇다. 프랑크푸르트에서 뮌헨까지 비행기를 타면 55분이 걸린다. 비행기를 탈 때 나는 항상 복도 쪽에 앉는다. 비행기의 복도 쪽 좌석은 언제나 내가 영업을 즐길 수 있는 기회이기 때문이다. 아무리 주중의 한적한 비행기라 해도 창가 쪽 자리는 항상 차 있다. 그래서 나는 복도 쪽 자리에 앉는다. 그 누구도 나를 거치지 않고는 자기 자리로 갈 수 없다. 바로 그것이다. 나는 그 기회를 놓칠 수 없다. 그 55분을! 이 얼마나 푸짐한 잔칫상인가! 나는 비행기 안에서 큰 계약을 따낸 적이 다섯 번이나 된다.

진심으로 영업해야 오래간다

포커스를 잘 맞추고 낙관적인 자세로 영업을 즐기기 위해 반드시 대학 공부가 필요한 건 아니다. 나도 대학을 나오지 않았다. 나는 가방끈이 짧은 사람이다. 학교하고는 인연이 별로 없다. 대신 나는 학교가 내게서, 내가 학교에서 놓친 것을 보충하기 위해 미국으로 떠났다. 영어를 배우러 가서 정말 멋진 시간을 보냈다. 그곳에서 영어는 물론이고 영업이 무엇인지를 톡톡히 배웠으니까.

어떻게? 눈을 치우면서 배웠다. 학교에 다니는 동안 나는 늘 아르바이트를 했다. 여름에는 부잣집 잔디를 깎았고 겨울에는 눈을 치웠다. 미국에선 다 그렇게 한다. 겨울에 눈이 내리면 돌아다니다가 아무 집이나 들어간다. 그리고 무작정 눈을 치운다. 진입로 전체를 치운다. 일을 마치면 문이 열리고 처음 보는 미국 사람이 환한 표정을 지으며 걸어나와 내 어깨를 두드리며 지폐를 손에 쥐어준다. 항상, 어디서나. 그래서 나는 미국을 좋아한다.

⋮ 81번의 성공, 919번의 실패

그때 나는 알았다. 내가 영업자가 되리라는 것을. 내가 주고 네가 받고, 네가 주고 내가 받는다. 사람을 이어주는 너무나 간단한 네 걸음이다. 멋지지 않은가! 그리고 나는 깨달았다. 먼저 내가 주면 반드시 **돌려받는다**는 것을. 이것이 순서다.

이런 열정을 가슴에 안고 나는 독일로 돌아와 영업을 시작했다. 복사기와 팩스기였다. 물론 독일 사람들은 미국 사람들하고 종자가 다른 인간들이지만 거기나 여기나 영업에서 느끼는 즐거움은 다를 바 없었다. 1000번의 영업을 위해 1000개의 기업에, 1000번을 들어갔다. 약속도 잡지 않고 무작정 안내 데스크를 향해 걸어가다가 그곳을 지나쳐 담당자를 찾아갔다. 그리고 81대의 복사기를 팔았다. 그러면서 영업의 기초를 배웠다. 81명의 고객 모두가 예전보다 더 성능이 우수한 복사기를 쓰게 되었거나 새로 복사기를 갖게 되었다. 그리고 그들 모두가 그 복사기를 실제로 사용하였으며 그로 인해 득을 보았다. 나는 자부심에 넘쳤다. 이 얼마나 멋진 일인가. 나는 나의 일을 사랑하였다.

그런데 뭐? 81대를 팔았다고? 그럼 919번은 거절을 당했다는 말이 잖아? 물론이다. 그래도 나는 진심으로 좋았다. 어쨌거나 즐거웠으니까.

⠇ 고객이 원하는 것을 아는 진짜 영업자

나는 조용한 사람이 아니다. 나도 인정한다. 상당히 시끄럽고 번잡스럽다. 다 나의 테스토스테론 수치 탓이다. 나도 어쩔 수가 없다. 그래서 차도 시끄러운 것으로 골랐다. 그렇지만 지레 겁먹지는 마라. 꼭 나처럼 시끄러워야 할 필요는 없으니까, 그리고 진심에서 우러나온 열정이 반드시 요란스러워야 하는 것은 아니니까 말이다. 조용해도, 차분해도 마음은 통한다.

함부르크에서 호텔에 묵은 적이 있었다. 고객이 나 대신 잡아주었던 호텔이었다. 방에 들어가니 가장 먼저 침대에 놓인 바구니가 눈에 띄었다. 그 안에 쪽지가 들어 있었다. 구두를 바구니에 넣어 문밖에 놓아두시면 다음 날 아침에 구두를 닦아 다시 그 자리에 놓아두겠단다. 그게 다였다. 나는 영업자이다. 잘 닦은 구두가 정말로 중요한 사람이다. 그래서 한번 시험해봤다. 그러면서 생각했다. '이 호텔이 지금 내게 영업을 하는구나!' 쪽지에 적힌 대로 구두를 잘 닦아놓으면 함부르크에 얼마나 자주 올지는 모르겠지만 올 때마다 이 호텔에서 자게 되겠지……. 과연 다음 날 아침, 정말로 잘 닦인 구두가 문 앞에 놓여 있었다. 호텔의 승리였다.

그것뿐이 아니었다. 핸드폰으로 알람을 맞춰놓았지만 혹시나 해서 프런트에 기상 서비스를 신청했다. 다음 날 아침 늦으면 절대 안 될 약속이 있었던 것이다. 아침이 되자 작은 테이블에 놓인 전화에서 벨이 울렸다. 수화기를 드니 친절하고 나지막하지만 단호한 남자의 목소리가 들렸다. "편히 주무셨습니까? 지금은 7시 30분입니다. 깨워

달라고 하셨지요?" 여기까지는 어느 호텔에서나 들을 수 있는 멘트였다. 그런데 남자는 거기서 멈추지 않았다. "십 분 후에 다시 한 번 전화를 드릴까요?" 빙고! 그 순간 정신이 번쩍 들었다. 이 호텔의 프런트에는 진짜 영업자가 앉아 있구나! 포커스와 즐거움과 진심을 아는 영업 사원이. 계약을 따내게 될 영업자, 고객이 원하는 것이 무엇인지를 진정으로 잘 아는 영업자가. 나는 그의 물건을 구매했다. 그는 그 한마디로 내게서 무한대의 숙박권을 따냈다.

훗날 호텔 매니저인 한 친구에게 그때 일을 들려주면서 왜 다른 호텔에서는 그런 서비스를 하지 않느냐고 물어보았다. 그가 말했다. "직원들에게 그걸 가르치기가 얼마나 힘든 줄 알아?"

아니, 나는 몰랐다. 그렇지만 바로 그렇기에 당신은 내 마음을 훔칠 수 있다.

그는 벌써 한 번 거절을 했다

무엇이든 다 팔아서는 안 된다. 당신이 보장할 수 있는 것만 팔아라. 제품과 내가 하나가 되어야 한다. 고객과 내가 하나가 되어야 한다. 나 자신과 내가 하나가 되어야 한다. 제품, 고객, 자신. 바로 이것이 첫째, 둘째, 셋째이다.

감히 당신에게도 요구한다. 첫째, 고객의 피 같은 돈을 갈취하는 못된 짓거리는 절대 하지 말아야 한다. 지나치게 비싸거나 결함이 많은 제품을 팔아서는 절대로 안 된다. 속이 빤히 들여다보이는 거래는 하지 마라. 그래야 할 필요도 없다. 둘째, 바보, 멍청이가 당신 앞에 앉아서 고객의 권리를 휘두르려고 하거든 당장 거래를 중지하라. 셋째, 조금이라도 자기 일에 의혹이 들거든 이 책을 읽고 나서 다시 영업 전선으로 나서라.

진짜 훌륭한 영업자는 못 파는 것이 없다? 절대 그렇지 않다. 그런 믿음은 과감하게 버려라. 진짜 훌륭한 영업자는 사기꾼이 아니다. 그러므로 당연히 운이 엄청나게 좋아서 부동산 가격이 하늘로 치솟을 때에만 갚을 수 있는 부동산 대출은 절대 팔지 않는다.

영업자가 얼마나 훌륭한지는 결과에서 나타난다. 하지만 단기 매출이 아니라 장기 수익률을 봐야 한다. 훌륭한 영업자는 존경심을 담아 그를 칭찬하는 고객의 입을 통해 드러난다. 그 많은 세월 동안 그와 고객 사이에 아주 많은 돈이 오갔음은 당연하다.

영업은 단순히 돈을 버는 행위가 아니다. 영업은 인내와 지속성을 목표로 한다. 그리고 고객과 같은 눈높이에서 오래도록 협력하는 것, 균형 잡힌 관계에서 지속적으로 주고받는 것이다.

⋮ 영업은 단순히 돈을 버는 행위가 아니다

돈 욕심은 파괴를 부른다. 시장은 아마존 강이고 당신은 피라니아인 것이 아니다. 시장이 숲이고 당신이 도끼인 것도 아니다. 버릇없이 굴지 마라. 정직하고 솔직하게 직접적으로 영업하라. 훌륭한 영업자는 거짓말을 하지 않는다.

진실을 모조리 털어놓아야 한다고 주장할 사람은 없다. 하지만 당신이 말한 것은 모두 진실이어야 한다. 진실이라는 이유로 지금 맨 넥타이가 미학적으로 볼 때 심각한 범죄라고 고객의 얼굴에다 대고 무례하게 이야기할 필요는 없다. 그렇다고 매출을 올리기 위해 고객의 입에 꿀을 발라주는 것은 매춘과 다를 바 없다. 심지 있는 영업자는 절대 그런 짓을 하지 않는다.

고객이 젖소요, 영업은 젖을 짜는 행위라고 생각하는가? 매출에 눈이 멀고 탐욕에 쫓겨 고객을 위해서가 아니라 자신을 위해 최선을 다

하려 하는가? 그렇다면 당신은 돈이라는 악마에게 영혼을 판 메피스
토이다. 그런 식으로 살면 반드시 끝이 좋지 않다. 우주의 법칙은 뿌
린 대로 거두는 것이다. 갖기만 하고 주지는 않는다면 절대 성공하지
못한다.

⋮ "안 돼"는 계속하라는 뜻이다

당신 앞에는 두 갈래 길이 펼쳐져 있다. 지금부터 열심히, 즐거운
마음으로 영업을 향해 돌진하든가 아니면 그냥 영업을 그만두면 된
다. 영업은 성공과 관련이 있다. 성공은 생각할 수 있는 것일 뿐 아니
라 무엇보다 실천 가능하다. 당신에게 달렸다. 도와줄 손을 찾는다면
그 손은 당신 팔에 매달려 있다. 하늘은 스스로 돕는 자를 돕는다고
하지 않던가.

타고난 재능이 있어야 하지 않냐고? 그건 중요하지 않다. 장기적으
로 보면 성실이 항상 재능을 이긴다. 물론 둘 다 갖춘다면 천하무적일
것이다. 성공을 원하는가? 그렇다면 열심히 일해라. 성실, 성실, 또
성실하게 일해라!

사실 하루아침에 부자가 되는 사람은 없다. 내가 아는 모든 부자나
유명인들은 부자가 되기 위해, 유명해지기 위해 열심히 일했다. 하지
만 대부분의 사람들은 열심히 일해도 부자가 되지 못한다. 당장 결실
을 거두고 싶어 하기 때문이다. 그건 안 된다. 그럴 수는 없다. 가을에
결실을 거두려면 먼저 씨를 뿌리고 여름 내내 들에서 땀 흘리며 일을

해야 한다.

우리는 지금 영업을 영업으로 만드는 것들을 살펴보고 있다. 영업에 꼭 필요한 것들은 무엇일까? 나는 당신에게 끈기를 요구한다. 바라지만 말고 실천하고 움직여라. 절대 포기하지 마라. 아이스크림을 사 달라고 조르는 아이처럼 조르고 또 졸라라.

아이들은 최고의 영업자이다. 한 번도 그런 생각을 해본 적이 없는가? 아이들은 원하는 것이 있으면 끝까지 물고 늘어진다. 아빠의 손을 잡고 1500미터 거리의 상가를 걸어가는 여섯 살짜리 꼬마에게는 대략 여섯 번 정도 아이스크림을 얻어 먹을 기회가 있다. 일단 아이는 이 여섯 번의 기회를 스캔하여 기억에 꼭꼭 새긴다. 그러고는 즉각 출정에 나선다. "아빠, 아이스크림 먹어도 돼요?" "안 돼. 오늘 저녁에 우리 고기 구워 먹을 거잖아. 엄마가 그때 아이스크림 만들 거야. 조금만 참으면 맛있는 아이스크림을 무지무지 많이 먹을 수 있어. 그러니까 지금은 스테이크를 사러 가자." "아빠……." 이 장면이 어떻게 끝날지는 당신이 더 잘 알 것이다. 우리의 차세대 영업자는 그날 아이스크림을 무려 두 번이나 먹을 수 있을 것이다. 상가에서 한 번, 집에서 또 한 번.

이것도 다 내 경험담이다. 나도 집에 아이가 있다. 그 아이에게서 배울 때가 한두 번이 아니다. "안 돼요"라는 말이 "안 돼요…… 돼"라는 뜻이라는 것도 아이에게서 배웠다. 자식이 자극제이다. 꼭 필요한 자극제이다. 포기? 포기는 배추 셀 때나 하는 말이다.

〈앙코르Walk the Line〉라는 제목의 멋진 영화를 본 적이 있는가? 조니 캐쉬의 생애를 그린 영화이다. 못 봤다고? 그렇다면 또 하나의 자극제가 당신 앞에 있다. 꼭 한번 다운을 받아서 봐라. 만약 이미 봤다면 마지막 장면이 기억날 것이다. 조니 캐쉬로 분한 호아킨 피닉스가 준 카터 역의 리즈 위더스푼과 함께 무대에 서서 듀엣으로 '잭슨'을 부르던 그 장면 말이다. 준은 조니의 청혼을 이미 370000번이나 거절했다. 그래서 조니가 370001번째 청혼을 포기하였을까? 당연히 아니다. 조니는 포기하지 않는다. 무대에서 그가 갑자기 노래를 중단한다. 아무도 이유를 모른다. 정적. 준은 놀라 그에게 노래를 계속하라고 재촉한다. 이에 조니가 계속한다. 노래가 아니라 가슴을 찢는 370001번째 청혼을. 결국 그녀는 청혼을 받아들인다.

그래서 어떻게 되었냐고? 그렇게나 끈기 있게 계속 청혼을 한 보람이 있었을까? 물론, 보람이 있었다. 조니와 준은 너무너무 행복하게 살았고 함께 늙어갔으며 2003년 간발의 차이를 두고 세상을 떠났다. 그들의 일생을 담은 아름다운 러브스토리 영화가 개봉하기 직전에 말이다.

이 영화를 보고 배울 점이 무엇이겠는가? "안 돼"는 포기하라는 뜻이 아니다. 계속하라는 뜻이다. 앞에서 말했듯 나는 복사기를 팔기 위해 1000번의 영업을 했다. 81번의 승낙을 위해 919번의 거절이 필요했다. 물론 우리가 사는 현실에선 한 번의 승낙으로 리즈 위더스푼처럼 오스카상을 타지는 못할 것이다. 고객이 승낙을 했다고 해서 고객과 결혼을 해야 하는 것도 아니다. 하지만 영업자라면 고객에게 1등 지킴이 서비스를 제공해야 한다. 수많은 거절 뒤에 찾아오는 것이 위대한 승낙일지 누가 알겠는가? 어쩌면 연이은 여러 번의 승낙일 수도 있다.

고객과 상담을 할 때마다 꼭 이 한 가지만은 되새겨라. 절대로 나쁜 결과가 있을 수 없다! 논리적으로도 그렇다. 그는 벌써 당신에게 거절을 한 적이 있으니까.

고객을 조종하지 않는 척하지 마라

영업은 타인을 행동으로 이끄는 것이다. 그렇게 간단한 일이다. 그래서 고객을 행동으로 이끌기 위해 자문이 필요하다면, 뭐 좋다. 자문을 해줘라. 필요하다면 기술적으로 흠잡을 데 없는 수요 분석도 실시해야 한다. 다만 그런 짓을 통해 자문가가 되어서는 안 된다. 무슨 일이 있어도 영업자로 남아야 한다. 당신은 자문가가 아니라 영업자이다. 자문은 코스 요리 중 하나의 코스에 불과할 뿐, 절대로 메뉴가 아니다. 계약 체결이 없는 자문은 불공정하다. 당신의 어리석음 탓에 고객이 어쩔 수 없이 다른 곳에서 구매를 할 것이기 때문이다.

기술적이고 전문적인 제품 설명과 지식으로 고객의 귀를 괴롭히는 것도 역시 무례한 행동이다. 전문가를 자처하는 바보들이야말로 고객을 때려잡는 영업자들이다. 자신은 고객에게 조언을 해주면서 고객을 위해 최선을 다한다고 굳게 믿지만 실상 그의 전문지식은 은폐에 불과하다. 자신이 무엇 때문에 이 자리에 있는지 자신에게도 고객에게도 솔직하게 털어놓을 용기가 없는 것이다. 영업의 요점은 제품 설명이 아니다. 영업의 요점은 계약 체결이다. 서명이다. 주문이다. 판매다. 다른 것인 척하지 마라.

　전문지식을 늘어놓거나 상담과 자문을 자처하는 영업자는 영업계의 위선자들이다. 나무만 보고 숲은 보지 못한다. 미세한 부분에 집중하느라 전체 맥락을 외면한다. 자신이 무슨 중요한 인사라도 되는 양 엄청 잘난 척을 하지만 정작 자기 행위의 본질을 소홀히 한다. 그들은 정직하지 못하다. 열정을 다해 굳게 믿어야 하는 것을 배신한다. 자신의 진짜 의도에 당당하지 못하다. 영업의 진짜 목적은 고객을 구매로 이끄는 것이다.

⁝ 영업의 진짜 목적

　고객을 구매로 이끌자면 고객에게 감동을 주어야 한다. 고객의 마음을 움직여야 한다. 물론 아주 노련하게 처신해야 한다. 멍청하게 허둥거리지 말고 고객을 조종해야 한다. 그래, '조종'이라고 했다! 그것이 이 모든 행위의 의미요 목적이다. 그렇지 않은가? 옷가게 판매원이 "와! 정말 잘 어울려요, 손님한테 딱이에요"라고 말한다면 그건 고객의 마음을 조종하려는 의도이다.

　하지만 그 판매원이 정말로 훌륭한 영업자라면 그 옷이 그 손님에게 딱 어울린다고 진정으로 확신하기 때문에 그런 말을 한 것이다. 가게 문에 달린 종소리를 듣기 전에 먼저 카드 긁는 소리를 듣고 싶을 정도로 그 옷이 그 손님에게 딱 어울린다고 확신하며, 그 확신에 추호의 의심도 허락하지 않기 때문이다.

그렇다. 나는 조종한다. 하지만 반드시 두 가지 조건이 충족되어야 한다. 첫째, 나는 나의 의도를 분명히 보여준다. 둘째, 나의 목표가 고객을 위한 것이라고 진심으로 믿기 때문에 고객을 조종하는 것이다. 다른 말로 하면 고객이 올바른 결정을 내리도록 살짝 그를 도와주는 것이다.

그게 나쁜가? 한번 생각해보자. 불이 좋은가, 나쁜가? 불은 밥을 짓지만 서까래를 활활 태운다. 칼은 좋은가, 나쁜가? 빵을 먹기 좋게 썰지만 갈비뼈 사이에 꽂혀 생명을 단축시키기도 한다. 레이저 기술은 좋은가, 나쁜가? CD로 좋아하는 가수의 노래를 듣는 것은 좋지만 비행기를 착륙시키는 조종사의 눈을 쏘는 레이저 포인터는 어떤가? 인터넷은 좋은가, 나쁜가? 손가락 하나만 까딱하면 세상의 모든 지식이 내 것이 되지만 아동 포르노의 인간 경시 풍조도 우편보다는 웹을 통해 훨씬 빠르게 퍼진다. 조니 캐쉬처럼 사랑하는 여인이 청혼을 받아들이게끔 그녀를 조종할 수 있다. 그래서 어떻게 되었나? 두 사람은 물론 자식들까지 오래오래 행복하게 살았다. 하지만 미국 은행의 파생상품 판매자들처럼 고객을 조종한다면 미국 대출시장을 붕괴시키고 경제위기를 일으켜 전 세계 수백만 명의 일자리를 빼앗고 건실한 기업가들을 달려오는 기차에 몸을 던지게 만들 수도 있다.

고객을 조종하지 않는 척하지 마라. 어차피 당신은 하루 종일 고객을 조종하고 있다. 강연을 하건 상담을 하건 책을 쓰건, 언제 어디서나 나는 영업자들에게 첫째, 진심으로, 둘째, 솔직하고 정직하게, 셋째, 최대한 효과적으로 영업하라고 호소한다. 내가 주장하는 영업법, 즉 '뉴 하드셀링New Hardselling'은 내 입장에서 보면 고객을 행동으로 이끄는 가장 효과적인 방법에 다름 아니다. 고객을 만날 때 무슨 옷을 입건, 자기소개를 어떻게 하건, 어디에 앉건, 명함을 어떻게 건네건 그 모든 행동의 목표는 단 하나이다. 고객의 마음을 움직여 고객에게 유익한 것을 구매하도록 만드는 것이다. 고객의 구매가 목표인 것이다.

⋮ 잡담을 걷어치우고, 본론으로 들어가라

자, 그러기 위해 잡담이 필요할까? 잡담에 관해서라면 나는 내 나름의 확신이 있다. 2분의 비즈니스에 이은 58분의 잡담은 괜찮지만 순서가 뒤바뀌는 것은 반대다. 그렇게 되면 시간이 촉박해 허둥거리게 되고 결국 시계 말고는 제대로 돌아가는 것이 없게 될 것이다. 나도 잡담을 잘한다. 그냥 잘하는 수준이 아니라 잡담 영업자라고 불러도 될 정도로 잡담을 즐긴다. 중요한 계약은 주로 저녁식사를 하면서 체결한다. 하지만 내가 잡담을 하는 경우는 고객이 먼저 시작을 했을 경우에 한정된다. 그리고 고객이 던진 주제로만 잡담을 나눈다. 잡담에 생사가 걸린 듯 안간힘을 쓰지 마라. 잡담은 양쪽이 정말로 관심이 있을 때 여유 있는 분위기에서 나누어야 하는 것이다.

그러니 "잘 지내시죠?" 같은 형식적인 질문은 꾹꾹 눌러 참아라. 어차피 궁금해서 물어본 것도 아니다. 상대가 잘 지내는지 정말 관심이 있는 것도 아니다. 혹시 그렇게 물었다가 상대가 "아뇨. 미치겠어요. 강아지가 죽더니 마누라가 가출을 했어요"라고 하면 어쩔 것인가? 심리상담가 흉내를 낼 수야 있겠지만 영업은 물 건너갔다. 훨훨 날아가 버렸다.

자, 이제부터 당신과 나 우리 두 사람은 영업의 이 모든 노하우들을 조금 더 자세히 살펴볼 것이다. 지금 이 부분은 정통 드라마나 할리우드 영화의 발단과 같은 것이다. 첫 장면이 문제의 핵심을 집광 렌즈를 통해 보여준다. 아직도 당신은 영업을 위해 고객을 직접 만나 악수를 나누고 평화로운 분위기에서 함께 차를 홀짝거리는가? 내 마음 편하자고? 일단 화목한 분위기를 조성해야 하니까? 고객의 돈을 탐낸다는 인상을 주지 않기 위해? 지독히 이기적인 행동이다. 아니, 그 말로는 분이 안 풀린다. 게을러터진 짓거리이며 비도덕적인 횡포다. 배신이고 후안무치이다. 퉤! 칫! 당신은 기업의 장기적인 번영과 당신 고객의 장기적 행복보다 당신 자신의 단기적 안위를 더 걱정하고 있다.

사탕발림도 마찬가지로 역겹다. 너무나 비전문적인 영업 방식이며, 성공의 확률도 아주 낮다. 당신이 고객에게 꼬리를 흔드는 순간부터 고객은 의식을 하건 의식을 못 하건 당신을 깔볼 것이다. 아첨을 듣는 고객의 귀는 즐거울지 몰라도 당신의 이미지는 끝장이다. 당신이 판매할 제품의 이미지도, 당신 기업의 이미지도 함께 끝장난다.

가슴에 손을 얹고 생각해보라. 훌륭한 영업자는 아첨을 떨지 않고도 물건을 잘 판다. 똑바로 쳐다보기 민망한 고객, 호감이 가지 않는 고객, 괴팍한 고객, 전쟁 수준의 위생 상태인 고객에게도, 안젤리나 졸리에게도 물건을 판다. 신이 만드신 이 지구 동물원에는 정말로 각양각색의 동물들이 살고 있으니 말이다.

훌륭한 영업이란, '림벡의 영업'이란 정직하고 투명하고 열정적이고 정열적이며 즐겁고 진심이며 솔직하고 공정하고 정의롭고 하드하며 끈기 있고 효과적이고 존경할 만하다. 이 모든 것을 통해 결국 엄청난 성공을 거둔다는 나의 의견에 동의한다면 당신이 다음번 영업에선 잡담을 걷어치우고 곧바로 본론으로 들어갈 것이라는 나의 예언에도 동의할 수 있을 것이다.

진심이다. 곧바로 본론으로 들어가라!

"묵묵히 걸어. 지름길은 없어."

얼마 전 한 대기업 지사의 영업팀 직원들을 대상으로 세미나를 한 적이 있었다. 직원들의 분위기 쇄신이 필요하다며 지사장이 직접 부탁을 한 자리였다. 나는 지사장과 영업팀이 모인 강당에서 열심히 강의를 하고 있었다. 갑자기 문이 열리더니 양복을 입은 남자가 들어와 제일 뒷자리로 가서 앉았다. 자기소개도 없이 그냥 "안녕하세요"라며 인사만 건넸다. 순간 갑자기 참가자들의 보디랭귀지가 돌변했다. 누군가 그들에게 와서 말 없는 명령이라도 던진 듯 모두가 자세를 똑바로 하고 내 말에 집중하였다.

'오호, 감 잡았어. 본사에서 왔구먼.' 지사장보다 높은 직급의 본사 직원이 세미나 진행 상황을 보려고 온 것이었다. 그는 세미나 도중에 다시 일어서서 밖으로 나갔고 그 뒤를 지사장이 졸졸 따라갔다. 내 짐작이 맞았다. 위에서 누가, 실권자가 온 것이다. 빙고! 알고 보니 이사라고 했다.

그래서? 당신 같으면 무슨 생각을 하겠는가? '잘됐다. 중간에 나갔으니 망정이지'라고 생각했을 수도 있다. 그러나 나는 이렇게 생각했

다. '이게 웬 떡이야? 고객이 한 명 더 생기겠네. 영업해야지.'

세미나가 끝났다. 나는 지사장의 사무실에 두고 온 외투와 지갑을 가지러 갔다. 사무실로 들어가려면 비서를 거쳐야 한다. 나는 지나가는 말투로 슬쩍 물었다. "두 분 다 계시죠?"

그렇다. 그렇게 하는 것이다. 비굴하게 지금 들여보내 달라고 사정사정하지 않았다. 대신 당연하다는 듯, 초대라도 받았다는 듯 "두 분다 계시죠?"라고 물었다. 비서는 내 암호를 알아차리고 안으로 들어가게 해주었다. "네"라는 대답으로 말이다.

나는 노크를 하고 안으로 들어갔다. 그리고 말했다. "안녕하십니까, 제 물건 좀 가지러 왔습니다."

나는 지사장에게로 가서 작별의 인사를 건넸다. 위계질서를 무시하다니 너무 뻔뻔한 것 아닐까? 먼저 이사한테 가서 인사를 해야 하지 않을까? 아니, 나는 그렇게 생각하지 않는다. 그는 자기소개도 하지 않았다. 그러니 이런 대접을 받아 마땅하다. 더구나 허리를 굽히는 것은 옵션이 아니다. 그래서 나는 먼저 지사장에서 악수를 청하며 인사를 건넸고, 그 다음으로 이사에게 다가갔다. 그리고 고개를 까딱하며 이렇게 물었다. "책 좋아하세요?"

어떤 놈이 나타나서 고개를 까딱하며 그런 질문을 던졌는데 "아니오"라고 대답할 사람이 있겠는가? 그가 고개를 끄덕였다. 나는 말했다. "명함을 주시면 저의 베스트셀러를 보내드리겠습니다."

그가 명함을 꺼내주었다. 나의 승리다. 스코어, 1 대 0.

나는 그에게 편지와 함께 책을 보냈다. 내가 그날 그의 관심을 끌그 기회를 활용하지 않았다면 아마 그는 소위 잘나가는 영업 트레이너라는 나에게 분명 실망을 했을 것이며…….

그런데 왜 지금 내가 이 이야기를 꺼냈을까? 그런 기회를 당장 잡느냐 못 잡느냐는 용기의 문제가 아니다. 자화상의 문제이다. 내가 때가 되면 물건을 파는 상냥한 영업자라면 세미나장에 들어온 낯선 훼방꾼의 이마에 찍힌 '기회'라는 글자를 알아차리지 못했을 것이다. 하지만 영업자라면, 무슨 일이 있어도 항상 물건을 판매하는 진짜 영업자라면 즉각 그 글자를 발견할 것이다. 나는 영업자다. 따라서 그런 고위 결정권자가 제 발로 굴러왔는데 놓칠 리가 없다. 결과에 관계없이 즉각 행동에 돌입해야 한다. 그 결과로 계약이 체결되건 안 되건 그건 상관없다. '도리'를 지켜야 한다고 우기지 마라. 당신 사전에 꼭 그래야 하는 것은 하나도 없다. 당신이 꼭 해야 하는 단 한 가지는 영업뿐이다. 당신이 영업자라면 말이다. 최고 결정권자만 손에 넣으면 그 아래로는 탄탄대로다. 그렇지 않은가?

⋮ 연습은 마법의 주문이다

상당히 높았다. 연극 무대보다 더 높았다. 나는 왼쪽을 쳐다보았다. 다시 오른쪽으로 고개를 돌렸다. 무파트할레(역주 − 뮌헨에 위치한 유명 공연장 및 전시장), 그곳엔 창문도 없었다. 저기 아래에선 6000명이 앉아 기대에 찬 표정으로 나를 올려다보고 있었다. 부모님, 중요한 고객들, 친구, 친지, 모두가 날 보러 왔다. 동료들도 왔다. 독일에서 내로라하는 강연의 전문가들이 내 뒤를 이어 다들 한 시간짜리 강연을 할 예정이었다.

드디어 강연을 시작했다. 15분 후 슬쩍 시계를 쳐다보았다. 시간이 무한대로 늘어나는 기분, 해도 해도 시간이 줄어들지 않는 기분이 들었다. 60분이 세 시간 같았다. 나는 그 강연으로 자신을 괴롭히고 있었다. 더 최악은 나의 강연이 청중들을 괴롭히고 있다는 사실이었다.

그날의 강연은 그렇게 서툴렀다. 그렇게 한심했다. 내 인생 최악의 강연이었다. 무대에서 내려올 수 있게 되자 너무나 좋았다. 하지만 한편으로는 너무나 참담했다. 내가 무슨 생각을 했던가? 무슨 짓을 한 것인가? 초보자 주제에 내 능력을 입증해 보이고 싶어 했다. 내가 대단한 인간이란 것을 보여주고 싶었다. 그리고 이렇게 참담하게 실패했다. 내가 어쩌다 그렇게까지 추락하였을까? 한창 잘나가던 참이었는데…….

나는 일찍부터 영업부에서 일했다. 그리고 이른 나이에 독립을 했다. 27세에 트레이너로 나섰으니 남들보다 상당히 빠른 셈이었다. 경험은 충분했으니 처음부터 액셀러레이터를 끝까지 밟았다. 덕분에 첫해부터 무려 141일이나 일거리를 맡았다. 그러고는? 당연히 새로운 도전을 찾았다. 당시 우리 업계엔 스타들이 많았다. 그들 모두가 자기가 무엇을 하는지 정확히 알았고 나름의 분야에서 자리를 굳혀나갔다.

그렇다면 나만의 분야는 무엇일까? 그들과 나의 차별 지점은 무엇일까? 아니, 보다 근본적으로 도대체 나는 누구인가?

나, 마르틴 림벡은 '하드셀링'에서 가장 두각을 드러내는 인물이다. 나는 그렇게 생각했다. 하드셀링은 1960~70년대 미국에서 각광받던 영업 기술이다. 그사이 시대가 급변했으니 하드셀링도 시대에 맞게 발전시킬 필요가 있었다. 그렇게 시대의 변화에 발맞춘 영업 기술, 더불어 나와 내 가치에 맞는 영업법, 그것이 바로 '뉴 하드셀링'이다. '고객을 존중하라. 정직하라. 공정하라. 그럼에도 포커스는 항상 계약 체결에 둔다.' 이것이 나의 '뉴 하드셀링'이다. 내가 잘할 수 있는 것이 무엇인지, 내가 하고 싶은 것이 무엇인지 나는 잘 알았다. 내가 무슨 말이 하고 싶은 것인지, 내 하드셀링만의 새로운 점이 무엇인지도 정확히 알았다. 우리 업계에서 나름의 분야를 확보해 나가려면 어떻게 해야 하는지는 앞선 스타들이 이미 잘 보여주었다. 바로 책을 쓰는 것이었다. 그래서 나도 책을 썼다. 어떻게 하면 되는지 모든 비법을 적은 책이었다. 이름하여 《뉴 하드셀링: 영업은 영업이다》이다. 후훗, 적시타였다.

그래서, 어떻게 되었냐고? 당연히 영업자로 성공했고 트레이너로도 성공했고 저자로도 성공했다. 성공에 이은 성공! 나는 다시 도전 과제를 찾았다. 강연을 하고 싶었던 것이다. 엄청난 청중을 모아놓고 그들 앞에서 말을 하고 싶었다. 위대한 강연가가 되고 싶었다.

당시 독일은 보도 섀퍼나 퀼러 같은 사람들이 큰 강당에 1만 명 가까운 청중을 모아놓고 강연을 하던 시대였다. 물론 미국이라면 더 큰 강당에 더 많은 사람이 모였을 것이다. 정말 매력적인 광경이었다. 나도 그 현장에 있고 싶었다. 왜 꼭 한 사람이 한 가지 주제에 대해서만 강연을 해야 할까? 왜 최고의 고수들을 한꺼번에 무대로 올리면 안 되는 것일까? '빅 스리 테너' 공연처럼 말이다. 이렇게 생각한 나는 크리스티아니, 데트로이, 핑크, 크로이터와 함께 '세일즈 매스터즈Sales Masters'를 만들었다. 그리고 첫 대규모 행사의 장소로 예전의 화력발

전소를 골랐다. 바로 뮌헨의 무파트할레였다.

그래서 그렇게 된 것이었다. 그래서 그 재앙이 일어난 것이었다. 최소 2미터는 되는 높은 무대를 절망에 빠진 내가 터덜터덜 걸어 내려왔다. 내 인생 최악의 강연이 끝나자, 당장이라도 땅을 가르고 그 안으로 들어가고 싶었다. 창피해서 쥐구멍에라도 숨고 싶었다. '림벡, 대체 무슨 생각을 한 거야? 스타들과 어깨를 나란히 하고 싶어 그렇게 촐싹대더니 첫 무대에 오르자마자 웃음거리가 되었잖아. 제화공이여, 그대의 구두골을 지켜라. 넌 훌륭한 트레이너야. 하지만 훌륭한 강연가는 아니지. 그건 절대 아냐…….' 정말 나락으로 떨어진 심정이었다. 고함을 지를 수 있었다면 아마 몇 시간이고 멈추지 않았을 것이다.

다음 날 나는 알렉산더 크리스티아니와 통화를 했다. 그는 어제 강의를 마치고 내가 얼마나 낙심했을지, 충분히 이해했다. 그 역시 나의 강연이 형편없었다고 평했다. 이런 고마운 일이! 하지만 그의 다음 말은 이랬다. "네가 형편없었던 건 네가 강연가가 될 수 없기 때문이 아니야. 그저 네가 연습을 안 했기 때문이지. 누구나 다 그래. 어떻게 너만 안 그렇다고 생각하는 거야? 누구나 시작하지만 금방 목표에 도달하는 사람은 없어. 묵묵히 걸어! 지름길은 없어. 네겐 도구와 아이디어와 보디랭귀지가 있어. 계속해. 연습을 해!"

"흠……."

"연습을 해!"

"그러니까……."

"연습하라니까!!!!!"

4년 후, 다름슈타트에서 대규모 행사가 열렸다. 최고의 강연이 있었고, 그중 한 사람의 강연이 월등히 최고였다. 바로 내가 한 강연이었다. 내 친구 알렉산더 크리스티아니가 옳았다. 나는 나의 길을 묵묵히 걸었다. 그리고 지금 나는 알고 있다. 내가 최고의 강연가라는 사실을.

이제 당신도 알 것이다. 내가 나를 누구라고 생각하는지? '잘난 척한다고 생각하는가? 그렇다면 당신은 아직 내 말을 이해하지 못했다. 연습은 마법의 주문이다. 연습, 연습, 또 연습하라!

최고의 영업자는 자존감이 높다

서열이 올라갈수록 그곳에서 내리는 결정의 크기도 커진다. 결정의 크기가 커질수록 예산도 늘어나고 주문도 늘어나며 매출과 이윤도 올라간다. 하지만 의외로 비싼 물건이나 서비스일수록 팔기가 쉽다. 결정 과정에 소수가 참여하기 때문이다. 따라서 최고 영업자는 높은 사람과의 만남을 즐긴다. 직위도 서열도 두려워하지 않는다.

최고 영업자, 그는 어떤 사람일까? 그는 매일 평균 네 명의 고객을 만난다. 매일 평균 스무 통의 전화를 고객과 주고받고, 적어도 평균 10~15년의 영업 경험이 있다. 그에게 서열로 겁을 주기는 쉽지 않다. 스스로를 넘버원이라고 생각하기 때문이다. 실제로도 그럴까? 정말 그가 넘버원일까? 그건 아무 상관 없다. 어쨌거나 넘버원이 될 사람이니까.

최고 영업자는 자기 나름의 노하우가 있다. 소프트셀링이건, 하드셀링이건, 뉴 하드셀링이건 방법은 아무래도 좋다. 누구에게나 통하는 만병통치약은 없다. 모두에게 공통점은 단 하나, 고민과 연습과 실험을 거쳐 완성된 자기만의 노하우가 있다는 사실이다. 영업에 활용하여 결국 계약을 따내고야 마는 그런 노하우 말이다. 당연하다. 나는 당신이 나와 똑같은 방식으로 영업하기를 원치 않는다. 그저 최고의 결과를 끌어내도록 영업하기를 바란다. 그리고 즐겁게 영업하기를 바란다.

지난 3500년 동안 고객의 반론은 한결같았다. 아마 앞으로도 변치 않을 것이다. 최고 영업자는 이런 반론을 훤히 꿰뚫고 있다. 고객들은 말한다. 시간이 없다, 관심이 없다, 이미 단골 영업자가 있다, 너무 비싸다, 지금 있는 것으로 족하다, 방금 계약을 마쳤다……. 늘 똑같다.

최고 영업자는 그런 반론에 대응할 대답도 잘 알고 있다. 그래서 어떤 대답을 해야 성공할 수 있을지 몇백 분의 1초 안에 단박에 결정한다.

최고 영업자는 고객의 가이드가 아니다. 보호자도 아니다. 사회자도 아니고 간병인도 아니다. 고객에게 교육을 시키지도 않는다. 달달 외운 제품 사용 설명서를 고객의 귀에 주입시키지도 않는다. 최고 영업자는 지식을 전달하는 사람이 아니다. 정보를 주사하는 마취과 의사도 아니다. 기술의 샤워, 정보의 소나기를 내리는 사람도 아니며 제품 설명을 고객의 몸에 처바르는 마사지사도 아니다.

최고 경영자는 시간을 잘 활용한다. 고객을 위해서라면 어디든 달려갈 각오가 되어 있다. 남들이 멍하니 앉아 연속극이나 보고 있을 동안 그들은 열심히 일을 한다. 그들은 근면하고 성실하며 부지런하다. 초등학교에 갓 입학한 아이들처럼 배움의 열의에 가득 차 영업에 써먹을 결정적인 문장을, 황금알을 낳는 오리를 찾는다.

최고 영업자는 자존감도 높다. 그래서 절대 투덜거리지 않는다. 그뿐만이 아니다. 최고 영업자는 보통 영업자의 불평불만을 견디지 못한다. 그런 소리를 들으면 기분이 영 안 좋아진다.

최고 영업자는 항상 완벽한 준비가 되어 있다. 항상 옷도 잘 차려입는다. 당연히 그날 방문할 업체와도 잘 어울리는 복장이다. 좋은 시계, 멋진 필기구, 좋은 양복, 좋은 셔츠, 잘 어울리는 넥타이, 반짝반짝 닦은 구두를 갖췄다. 그들은 늘 배가 고프다. 성공에 굶주려 있다. 코코넛 껍질이 너무 딱딱하다고 한탄하는 사람은 아직 배가 고파본 적이 없는 사람이다. 스티브 잡스는 스탠포드대학교의 졸업식에서 졸업생들에게 말했다. "Stay hungry. Stay foolish."

⋮ 외근을 다니며 할 수 있는 것은?

'그냥' 좋은 혹은 보통의 영업자는 무엇을 보면 알 수 있을까? 자신에 대한 의심은 적으면서 주변 모든 사람에 대한 의심이 큰 것을 보면 알 수 있다. 그는 고객을 오로지 목적을 위한 수단으로만 생각한다. 그리고 늘 책임을 회피한다. 판매하는 제품 탓이고 자기가 근무하는 회사 탓이다. 스트레스가 너무 심한 직업 탓이고 회사 탓이다. 그리고 결국은 고객 탓이다. 하지만 그가 미처 모르는 것이 있다. 자신이 중간밖에 안 되는 영업자라는 것, 자신의 실패는 자기 말고 그 누구의 책임도 아니라는 것.

보통의 영업자는 아홉 시에 출근하고 다섯 시에 퇴근한다. 교육이나 연수, 세미나는 성가시고 귀찮은 의무로밖에 생각하지 않으며 피드백, 아이디어, 정보, 노하우에도 심한 저항감을 느낀다. 또 서부 지역 영업 대표, 동부 지역 영업 총 책임자 같은 듣기 좋은 타이틀을 좋아한다. 그래서 필요 이상으로 많은 타이틀을 달고 다닌다.

자, 이쯤에서 당신의 발등을 밟아볼 심산이다. 테스트를 해보자. 당신이 이 책을 산 이유는 영업자이기 때문이다. 그렇지 않은가? 당신은 1년에 외근을 몇 시간이나 하는가? 차 안에서 보내는 거리가 연간 5만 킬로미터라고 해보자. 평균 속도가 시속 50km라면 연간 평균 1000시간을 차 안에서 보낸다. 40일 이상이다. 한 달이 넘는 시간이다. 그 1000시간 동안 당신은 무엇을 하는가?

흠. 이제 당신은 이마를 찌푸릴 것이다. 미간을 찡그릴 것이다. '뭐? 뭘 하냐고? 운전을 하지. 그것 말고 할 게 뭐가 있어?'

당연히 있다. 공부다. 이 세상엔 훌륭한 교육용 CD가 넘치고 또 넘친다. 그 1000시간의 절반만이라도, 아니 4분의 1만이라도 공부에 활용한다면 어떻게 될까? 2년 후, 3년 후 얼마나 실력이 늘어날까?

이제야 내가 무슨 말을 하고 싶은 것인지 대충 짐작이 가는가? 의지와 자존감만으로는 고객의 이마에 새겨진 '기회'라는 글자를 읽어낼 수 없다. 그만큼 혁신적으로 발전할 수가 없다.

세무사들이건 통신회사 직원이건, 보험회사 직원이건, 내 세미나에 참석했던 그 누구도 첫째 날 혹은 그 다음 날 나에게 다가와 내가 돈을 어디다 투자하는지 묻지 않았다. 어떤 인터넷을 쓰는지, 자동차 보험은 어디 것인지 묻지 않았다. 그 누구도 나 역시 고객이라는 생각을 하지 못했다. 나도 제품을 구매할 것이라고, 그래서 자기가 그 물건을 팔 수 있을 것이라고 생각한 사람이 하나도 없었다.

영업자? 영업자는 언제 어디서나 영업자이다!

2

트렌드
: 무엇부터 어떻게 시작할 것인가

인터넷은 영업자의 대용품이 아니라 영업자에게 던지는 도전장이다. 정보를 얻을 수 있는 곳이 엄청나게 늘었다. 이런 현실은 고객과 그들의 행동을 변화시킨다. 그래서 요즘 고객들은 전보다 훨씬 많이 알고 훨씬 빨리 결정을 내린다. 하지만 문제는 지금부터다. 그만큼 안전의 욕구도 늘어났다. 정보를 맹목적으로 믿어서는 안 된다는 사실을 예전보다 더 뼈저리게 느끼기 때문이다. 안전의 욕구! 바로 이것이 영업자에게 주어진 기회이다. 고객이 원하는 안전과 확신을 줄 수 있는 사람이 바로 영업자이기 때문이다.

요즘 고객들은 다르다

아닌 척하지 마라. 요즘 고객들은 다르다. 20년 전과는 다르다. 10년 전과도 다르다. 5년 전과도 다르다.

20년 전에 '코끼리' 청소기를 살까 '타이푼' 청소기를 살까 고민하던 고객은 정보를 얻을 곳이 세 군데를 넘지 못했다. 고객은 세 가지 방법 중 하나를 선택한다. 첫째, 상품 테스트 기관의 발행지를 산다. 둘째, 집에 찾아온 영업 사원에게 물어보거나 가게를 직접 찾아간다. 셋째, 이웃이나 친지에게 코끼리가 좋은지 타이푼이 좋은지 물어본다.

지금은 세계가 한 마을이다. 119가 출동할 때까지 쉬지 않고 테스트를 해대는 잡지만 해도 셀 수 없이 많다. 기저귀에서 광폭 타이어까지, 모든 욕망에 대한 테스트 결과가 있고 추천서가 있으며 조언과 할일이 있다. 아이폰 앱만을 위한 잡지가 따로 있고 요리하는 남성, 전원생활을 꿈꾸는 도시인을 위한 잡지가 따로 있다. 편자 대장간 잡지, 사냥개 잡지, 사냥개 주인 잡지, 사냥개 주인 사위의 이웃집 사람 잡지도 있다. 어떤 물건을 사야 할지 물어볼 수 있는 이웃의 숫자도 엄청나게 늘어났다. 인터넷 이웃들 즉 페이스북 친구, 트위터 팔로워,

싱Xing 접속자, 마이스페이스 팬들이 있다. 이들 모두가 휴대전화를 사고 해외여행을 가며 포도주를 음미한다. 게다가 온라인 판매 사이트마다 고객들의 평점이 넘쳐난다.

나도 아마존에서 구매자 절반 이상이 지루하다고 평가한 책은 절대 사지 않는다. 이베이에서도 고객들이 '저질이다, 배송이 너무 늦다, 믿을 수 없다' 등으로 평가한 판매자는 절대 신뢰하지 않는다.

⋮ 인터넷은 영업자에게 던지는 도전장이다

잠깐만! 지금 당신은 아마 이렇게 생각할 것이다. '그러니까 림벡이 제 발에 걸려 넘어졌구만. 진정한 영업이 어떤 것인지 보여주겠다고 하면서 결국 인터넷이 더 낫다는 주장을 하고 있잖아. 영업자가 없어도 된다는 말이잖아…….' 아니다. 절대 그렇지 않다. 인터넷은 영업자의 대용품이 아니라 영업자에게 던지는 도전장이다. 정보를 얻을 수 있는 곳이 엄청나게 늘었다. 이런 현실은 고객과 그들의 행동을 변화시킨다. 그래서 요즘 고객들은 전보다 훨씬 많이 알고 훨씬 빨리 결정을 내린다. 자신이 무엇을 원하는지, 무엇을 할 수 있는지, 무엇이 좋은지, 무엇이 좋은 가격인지, 어디에 가면 그 가격으로 살 수 있는지 훤히 꿰뚫고 있다. 덕분에 요즘 고객들은 자의식이 충만하다. 요구사항도 많고 까탈스럽고 힘도 세다. 하지만 문제는 지금부터다. 그만큼 안전의 욕구도 늘어났다. 정보를 맹목적으로 믿어서는 안 된다는 사실을 예전보다 더 뼈저리게 느끼기 때문이다. 안전의 욕구! 바로 이것이 영업자에게 주어진 기회이다. 고객이 원하는 안전과 확신을 줄 수 있는 사람이 바로 영업자이기 때문이다.

한쪽엔 사악하고 어두운 사기꾼들의 세계가 있다. 예전에는 온갖 사탕발림으로 호호 할머니에게 스포츠카 잡지 10년 구독권을 팔아먹는 방문판매원이 있었다면, 요즘엔 인터넷 사기꾼들이 있다. 예를 들어 이베이에서 TV를 판다고 속이고는 돈만 받고 빈 박스를 보내는 것이다. 더 심한 경우 당신의 계좌로 들어가 당신 이름으로 비싼 물건을 구매한다. 당연히 상품은 배송되지 않는다.

그 반대쪽엔 인간이 있다. 진짜 인간이다. 예의 바른 인간, 최고 영업자가 있다. 고객은 그를 만져볼 수 있다. 눈을 쳐다볼 수도 있다. 신뢰와 믿음을 선사할 수도 있다. 고객은 영업자가 책임감을 갖고 고객의 결정을 도와줄 것이며 같은 눈높이에서 고객의 구매 활동에 동행할 것이라고 믿는다. 최고의 영업자는 바로 그런 일을 한다. 그리고 처음부터 자신의 목표, 즉 영업을 당당하게 알린다. 그 점이 확신을 준다. 다름 아닌 그 점이 가상의 중계업자, 모든 아바타와 온갖 인터넷 판매자들을 무찌른다. 인간에 대한 신뢰는 인간의 본성이기 때문이다. 악수로 계약 체결을 완성하는 것이 마우스를 클릭하는 것보다 훨씬 큰 정서적 만족을 준다. 나는 악수를 사랑한다. 바로 그 때문에 지금과 같은 인터넷 시대에도 아는 사람의 추천으로 물건을 산다는 비율이 83%에 달하는 것이다. 모르는 사람의 온라인 추천으로 물건을 사는 비율은 50%에 불과한데 말이다.

진짜 영업자는 이런 고객의 현황을, 정보는 넘치지만 불신의 늪에 빠진 고객의 상태를 훤히 안다. 그래서 고객이 원하는 그 확신을 선사할 줄 안다. 확신을 선사하는 것 말고는 인터넷이 훨씬 더 믿을 수 있으니까. 확신을 줄 수 없는 나쁜 영업자는 예전보다 더 쓸모가 없어졌다. 인터넷이 훨씬 더 믿을 수 있는 세상이니까.

이게 전부인가? 고객들은 아는 게 더 많아졌지만 정직한 인간과 일하고 싶어 한다고? 하고 싶은 말이 고작 이것인가? 그렇지 않다. 아직 남았다.

⋮ "다시 전화할게요."라는 말

우선 영업자라면 고객을 예전보다 더 믿을 수 없게 되었다는 점을 염두에 두어야 한다. 고객들은 예전보다 훨씬 더 제멋대로 행동한다. 못 믿겠다고? 예를 하나 들어보자. 한 소프트웨어 기업의 사주가 독일 미니 블로그 사이트인 싱Xing을 통해 나에게 주문을 했다. 유튜브에서 내 영상을 봤는데 아주 마음에 들어서 자기 회사 영업 사원들에게도 내 영업 방식을 가르치고 싶다는 것이었다. 사람 제대로 봤다. 임자를 만났다. 나보다 더한 적임자가 있겠는가? 우리는 오랜 시간 전화통화를 했다. 그 후 나는 그 회사의 수요 분석을 마쳤고 그 회사 직원들을 위해 별도의 전화 지침서를 작성하였다. 당신도 잘 알 것이다. 무슨 말로 통화를 시작할 것이며 고객의 항의에 어떻게 대처할 것인지 등에 대한 완벽한 고객 응대 프로그램 말이다.

아주 순탄했다. 그는 더 많은 것을 원했다. 자기 회사 직원들이 소수이므로 내가 아예 그쪽으로 건너와서 영업 기술 강의를 해주면 어떻겠냐는 것이었다. 가격도 문제 삼지 않았다. 당장 강연 일정을 짜서 제안서를 보내면 곧바로 시작하겠다고 했다. 그렇게 우리는 '절친'이 되었다. 모든 것이 완벽하게 돌아갔다. 적어도 나는 그렇게 생각했다.

사흘 후 전화를 걸었다. 제안서가 잘 들어갔는지, 기타 서류가 잘 도착했는지 물어보기 위해서였다. 하지만 그는 전화를 받지 않았다. 메일도 열어보지 않았다. 그쪽에서 전화를 걸어오지도 않았다. 다시 한 번 통화를 시도했지만 역시나 똑같았다. 이번에는 회사로 전화를 걸었다. 외출 중이라는 대답이 돌아왔다. 1주일 후 다시 전화를 했지만 역시나 외출 중이었다. 4주 후, 이미 내가 제안한 첫 번째 강연 날짜가 지난 시점이었다. 퇴근 무렵 내 휴대전화에 문자 한 통이 도착했다. "지금 스트레스가 너무 심하네요. 월요일에 연락드리겠습니다. 그럼 주말 잘 보내세요." 하아, 이런 스마트한 인사가 있나! 안녕, 21세기여!

그 남자가 나와 일절 대화를 나누려 하지 않는다는 점만 빼면 내 제안에 문제가 있었다는 신호는 전무했다. 하지만 월요일이 되어도 역시나 전화가 없었다. 이제는 나도 인정하지 않을 수 없었다. "다시 전화할게"라는 말은 "절대 전화하지 않을 거야. 가만히 입 다물고 기다려!"라는 뜻도 될 수 있다는 것을.

하지만 나도 오기가 발동했다. 이번에는 이메일을 보냈다. 역시나 무반응. 그래? 그럼 방법을 바꾸어보기로 했다. 다시 이메일을 보내면서 이렇게 적었다. "제안서 때문에 오해가 생긴 것이라면 죄송합니다. 제 실수겠지요. 이번 일로 배운 점이 많으니 그것에 감사를 드립니다."

하지만 이 최악의 영화는 도무지 해피엔딩을 허락하지 않았다. 나는 두 번 다시 그의 연락을 받지 못했다. 나는 화를 낼 수도 있었다. 거꾸로 기쁨의 춤을 추며 이렇게 외칠 수도 있었다. "만세, 내가 보낸 책이랑 DVD가 얼마나 완벽했으면 더 강의를 받을 필요가 없다고 생각했을까?" 그러나 실제로는 그저 유감스러웠을 뿐이었다. 어디선가 우연히 그를 만나게 되는 날 그의 눈을 당당히 쳐다보며 "축하합니다, 당신이 저의 명작입니다"라고 말할 수 있기를 바랐으니까.

⋮ 예의 바른 끈기

다른 사례들도 비슷비슷하다. 아무도 전화를 하지 않는다. 끈질기게 물고 늘어지면 속이 뻔한 사과의 말 정도는 들을 수 있다. 또 나 스스로 위안을 할 수도 있다. '전화 시간을 잘못 택한 탓이야. 상대가 지금 너무 바쁘고, 여름 휴가철이며, 연말 결산 때이고, 그믐날이고, 서버가 다운되었으며, 세무조사 기간이고, 전화가 불통이고, 실업률이 너무 높고, 세계화시대인 데다, 우주 광선과 우주 팽창 탓이고, 결손이 심각하기 때문이야.' 하지만 결국 그런 위안도 아무 도움이 되지 않는다. 영업자라면 항상 이런 일을 염두에 두어야 한다. 그럼에도, 기껏해야 하락하는 수요 곡선으로 마음을 달래며 끝까지, 끝까지, 끝까지 물고 늘어져야 한다. 그래야만 알 수 있을 것이다. 고객이 당신을 가지고 논 것인지, 아니면 정말로 당신과 잠자리에 들 생각이 있었던 것인지를. 언제 어디서나 필요한 것은 예의 바른 끈기이다. 다시금 마음을 다잡고 예의를 지키는 끈기이다.

이게 다 인터넷이랑 무슨 상관이 있는가? 굳이 둘의 상관관계를 과학적으로 입증하겠다고 야단법석을 떨 필요도 없다. 어쨌건 분명한 것은 신속한 트위터와 SNS를 통한 계약 체결의 시대를 사는 지금의 고객들이 1995년 이전보다 훨씬 더 상도덕을 지키지 않는다는 사실이다. 내 말을 믿어라!

어쩌면 인터넷이 몰고 온 시간 낭비와 시간 오염이 원인인지도 모르겠다. 온갖 종류의 정보에 무차별적으로 접근할 수 있다는 장점을 제외하면 웹은 날로 품질이 떨어지는 엄청난 양의 커뮤니케이션만을 제공할 뿐이다. 온갖 빈말들의 거품이 초스피드로 솟구쳐 오르다가, 그것이 맹세가 될 즈음이면 이미 다른 거품들이 뭉실뭉실 피어오른다. 소셜 미디어가 바로 그 현장이다. 싱을 예로 들어보자. 흔히 싱은 헤드헌터용 슈퍼데이터뱅크라고 알고 있다. 그러니까 헤드헌터들이 그곳에 접속하여 인재를 발굴하는 장소라는 뜻이다. 하지만 하루 종일 그곳에 죽치고 앉아 수다를 떨어대는 인간을 과연 얼마나 신뢰할 수 있을까? 얼마나 할 일이 없으면 하루 종일 컴퓨터 앞에만 앉아 있겠는가. 이런, 내가 너무 심했나? 미안, 너무 정곡을 찔러서.

웹상의 영업, 현장 영업, 전화 영업

물론 나도 싱을 이용한다. 당연히 수다 떨기 용도는 아니다. 주로 세미나 참가자들과 관계를 유지하면서 자극을 주려는 목적이다. 그러나 근본적으로 웹상의 영업은 한 잔의 카푸치노와 같다. 찻잔 아래쪽에 커피가 있다. 그러니까 정식 영업이나 전화 영업이 있는 것이다. 거품은 추천 마케팅이고 맨 위에 뿌리는 코코아 가루가 바로 싱이나 페이스북 같은 소셜 네트워크이다.

코코아 가루처럼 당신의 희망 고객 리스트 맨 꼭대기에 뿌려진 것은 당신이 전혀 모르는, 어떻게 접근해야 할지조차 모르는 고객들이다. 예를 들어 그 고객의 이름을 외우기 쉽게 코카콜라라고 가정해보자. 싱은 당신이 이제부터 상호 호혜 원칙을 시험해볼 수 있는 채널이다. 상호 호혜 원칙? 기억나는가? 바로 그렇다. "주면 돌려받으리라!"

당신은 데이터뱅크에서 코카콜라에서 일한 적이 있는 사람을 찾는다. 찾다 보니 예전에 코카콜라에서 영업부 부장으로 일하다가 지금 다른 곳으로 이직을 했는데 마침 영업 관련 책이나 자료를 찾고 있는 사람이 있다. '빙고! 바로 이 사람이야.' 당신은 당장 그에게 편지를 보낸다. "안녕하세요, 펩시 씨. 귀하께서 찾고 계신 참고 자료는 저의 관심 분야이기도 합니다. 그래서 제가 큰 도움을 받았던 책을 한 권 소개할까 합니다. 제목은 《그는 벌써 한 번 거절을 했다》이고 저자는 마르틴 림벡이라는 사람입니다. 들어보셨지요? 탄광촌이 낳은 그 영업계의 체 게바라."

그러면 열에 아홉은 답장을 보내 귀한 정보를 줘서 고맙다는 인사를 한다. 3주 후 당신은 다시 편지를 보낸다. 책이 유용했나요? 도움이 되셨나요? 바로 이 지점이 관심의 초점이다. 그가 다시 답장을 보내고, 이어 공동의 주제에 관한 의견 교환이 이루어진다면 마침내 두 사람의 관계가 시작될 테니 말이다.

그 전에는 절대 관계라 부를 수 없다. 두 사람의 관계는 이제부터 시작이다. 그리고 이런 관계만이 다음 걸음을 떼어놓을 수 있는 발판이다. 드디어 결정적인 질문을 던질 시점인 것이다. "펩시 씨, 코카콜라에서 영업부장으로 근무하셨더군요. 후임자를 만나보셨나요?"

답장을 통해 당신은 그가 예전의 회사와 어떤 관계인지를 추정할 수 있다. 게다가 당신은 워낙 행운아라서 이런 대답을 듣게 된다. "당연하지요. 아직도 기억이 생생한데요."

그럼 당신은 이렇게 묻는다. "후임자가 특히 중시하는 부분이 있습니까? 그쪽하고 한번 접촉을 가져볼까 해서요. 이유는……."

나머지는 당신의 상상에 맡긴다. 그렇다. 그렇게 굴러간다. 하지만 내가 하고 싶은 말은 소셜 네트워크를 통한 전문적 영업이 이렇게 성공을 거둘 수 있다고 해도 그것은 그저 카푸치노의 코코아 가루에 불과하다는 것이다. 잔을 채우려면 커피를 갈고 내려야 하고 우유 거품을 내야 한다. 그리고 그 방법을 알아야 한다. 기초가 필요한 것이다. 영업은 영업이다. 특히 오늘날에는. 약속을 잡고 첫 미팅을 하고 프레젠테이션을 하고 가격 협상을 하고 계약을 체결한다. 그것이 영업의 기초이다.

⋮ 영업은 영업이다

전화 영업은 인터넷 영업과는 다르다. 전화의 요점은 노력이다. 더 많이 준비해야 한다. 훨씬 더 많이, 아주 아주, 훨씬 더 많이. 나의 경우는 전화 영업이 영업 훈련의 왕도라고 생각한다. 전화 영업에 능통하면 그야말로 천하무적이다. 인터넷도 개인 면담도 무사통과다.

일반적인 전화 영업의 경우 오래 끌지 말고 곧바로 시작해야 한다. 하지만 큰 고객, 큰 투자처의 경우, 그러니까 매출이 클 경우엔 그렇지 않다. 이 경우엔 탐정 수준의 준비가 필요하다. 아니, 내 말을 오해하지는 마라. 스파이 행각을 벌이라거나 고객의 구린 비밀을 파헤치라는 뜻이 아니다. 상대를 철저하게 파악하라는 뜻이다. 특히 대형 프로젝트나 장기 거래가 걸린 대기업 고객의 경우 피나는 노력이 있어야 한다. 어떤 루트를 통해 결정이 떨어지는가? 주요 정보원은 누구인가? 누가 나의 코치인가? 누가 내 편이고 내 적인가? 누가 결정을 내리나? 개인이 내리나? 심의기관이 따로 있나?

개인 고객이나 처음 만나는 고객의 경우 누구나 접근할 수 있는 정보를 찾는다. 고객이 할 수 있는 것은 당신도 할 수 있는 법. 일단 구글로 시작한다. 그는 무슨 일을 하는 사람인가? 예전엔 어디에서 일했나? 그의 기업은 지사가 있는가? 그의 관심사는 무엇인가? 무엇을 좋아하며 무엇에 자부심을 느끼는가? 누구와 일하는가? 언론에 노출되기를 좋아하는가? 취미는 무엇인가? 가입한 클럽이 있는가? 상을 받은 적은? 생일은 언제인가? 결혼을 했나? 최근에 아이나 손자가 있는가? 자신의 웹사이트가 있는가? 페이스북에 가입했나? 최고 경영자들은 그런 사이트에 잘 가입하지 않지만 두 번째나 세 번째 정도의 경영자들은 즐겨 가입한다. 그런 식으로 공통점을 찾고 이용하는 것이다.

⋮ 잡담은 고객이 먼저 시작할 때에만 하라!

이게 다 뭐하자는 짓인가? 흥분하지 마라! 나는 그저 최고 영업자들은 무슨 생각을 하는지 당신에게 알려주고 싶을 뿐이다. 지금 내 앞에 한 고객이 서 있다. 대기업 영업부장이다. 각자 자기소개를 하는 시간이다. 전날 불과 2분의 검색을 통해 나는 그가 최근에 에센 시의 하프 마라톤 대회에서 전 구간을 1시간 30분 안에 주파했다는 사실을 알아냈다. 그것을 기회로 삼는다. 고객이 자기 이름을 소개하고 직업과 출신 등등을 말하며 소개를 마치자마자 내가 슬쩍 끼어들어 이런 보충 자료를 제시한다. "한 가지 빼먹은 게 있는데요. 최근에 에센 시의 하프 마라톤 대회에서 대단한 기록을 올렸잖습니까." 그리고 잠시 입을 다문다. 남자는 나를 벤츠 E클래스를 보듯 황홀한 표정으로 바라본다. 짜잔! 그렇다. 관계는 이렇게 맺어진다.

서로를 제대로 이해하자는 것이다. 잡담을 하자는 것이 아니다. 전혀 모르는, 혹은 대충만 아는 주제를 함부로 입에 올려서는 안 된다. 자칫 상대의 심술보를 건드릴 수 있기 때문이다. 실수의 경고등이 빨갛게 반짝인다. 인터넷에서 찾은 당신의 정보가 모두 최신 정보는 아니며 사실인 것도 아니다. 얼토당토않은 정보도 꽤 있다. 아드님이 지난주에 오토바이 사고를 당했다는데 아직도 오토바이를 타느냐고 물었다가는 상대의 얼굴이 흙빛으로 변할지도 모른다. 이미 며칠 전에 협상이 결렬되었는데, 그것도 모르고 XY사와 합병이 잘되어가냐고 물을 텐가? 더블베드를 팔겠다고 교황에게 아내와 아이들은 잘 계시느냐고 물을 텐가?

다시 한 번 강조하지만 잡담은 고객이 먼저 시작할 때에만 응해야 한다. 당신의 자존감을 잠시 접어두어라. 크리스마스트리 대신 분재로 만족해라. 떠벌리지 마라. 고객보다 많이 알아도 자랑하지 마라. 거짓말하지 마라. 날씨나 그 비슷한 쓸데없는 이야기를 괜히 늘어놓지 마라.

종교, 섹스, 건강, 정치 같은 터부의 주제를 건드릴 수는 있다. 하지만 제때, 올바른 상대에게만 허용된다. 대화의 초입에선 절대 금물이다. 그렇다. 이 문제에선 나는 엄격하다.

또 하나. 인터넷에서 상대의 사진을 잘 살펴보라. 우연히 만났더라도 말실수를 피할 수 있을 것이고, 나아가 그가 자기소개를 하기도 전에 그의 이름을 불러줄 수 있을 것이다. 어떤가? 멋지지 않은가? 그가 놀라 감탄사라도 내뱉는 날이면 재치 있는 대답으로 그의 그 패스를 첫 골로 탈바꿈시킬 수 있을 것이다.

기존 고객 역시 탐정 작업의 대상에서 빼놓을 수 없는 부분이다. 당연히 관심을 쏟아야 할 대상이기 때문이다. 첫 아이를 얻은 고객에게 당신이 다음과 같은 편지와 함께 곰 인형을 선물한다면 고객이 얼마나 기뻐하겠는가? "사랑하는 올리버, 이 세상에 태어나줘서 고마워. 이 곰 인형과 즐거운 시간을 가지길." 결혼을 하는 고객에게 신혼여행에 필요한 물품을 보내주는 것은 또 어떤가? 고객에 대해 많이 알수록 관계는 가까워질 것이다. 그리고 가까워질수록 언제, 무엇을 선물할지도 더 잘 알게 될 것이다.

내가 말하고자 하는 것은 결코 전문적 아첨이 아니다. 영업에서 느끼는 진정한 기쁨을 말하고자 하는 것이다. 당신은 어떨지 모르겠지만 나에게 고객은 그 무엇보다도 인간이다. 함께 할 일이 있는 인간에게 즐거움을 줄 수 있다면 나 역시 기쁠 것이다. 그리고 그럴 때 영업은 내게 기쁨을 준다. 인간이란 그런 것이다.

사소한 것에는 모든 의미가 담겨 있다

맞다. 당신이 옳다. 내 말이 다 맞지만 세상살이가 어디 말처럼 그리 간단한가? 솔직히 말해보라. 어떤 고객에 대해 이렇게 생각해본 적이 없는가? '어쩜 저런 인간이 다 있지? 뭐 저런 미친놈, 밥맛 떨어지게 하는 인간이 있을까?'

그 순간 당신의 생각이 절대적으로 옳다고 확신한다 해도 이 말만은 꼭 해주고 싶다. 너무 성급하게 고객에 대해 판단하지 마라. 물론 힘들다는 것, 나도 잘 안다. 하지만 성급한 판단을 잠시 유보함으로써 당신이 조금 더 노력하기를 바란다.

숨을 깊게 들이쉬고 당신에게 중요한 것이 무엇인지 고민해보라. 고객이 당신 사위가 되겠다고 하는가? 당신하고 같이 외딴 무인도로 가고 싶다고 하는가? 당신에게 신장을 기증해 달라고 하는가? 세상에나.

그가 당신하고 사업을 하고 싶어 하는가? 어쩌면 그럴지도 모른다. 하지만 당신이 그와 함께 하고 싶은 것은 단 하나다. 그리고 당신에게 중요한 것은 그것뿐이다. 모든 사람을 사랑할 필요는 없다. 모든 고객을 친구로 삼아야 하는 것도 아니다.

하지만 반드시 갖추어야 하는 것이 있다. 바로 존중이다. 고객을 존중해야 한다. 고객의 능력을 존중해야 한다. 고객의 상황을 존중해야 하며 고객의 기분을 존중해야 한다. 고객의 일진을 존중해야 한다. 반드시 그래야 한다. 괴테의 말을 활용해보면 이렇게 요약할 수 있겠다. '당신이 사람들을 지금 그대로의 그 사람으로 대접하면 그들은 더 나빠질 것이다. 그러나 그들을 미래에 될 수 있는 사람으로 대접하면 더 좋아질 것이다.'

성급하게 판단하지 마라. 전 미국 대통령 조지 부시처럼. 하루는 그가 기자회견장에 갔다가 선글라스를 낀 기자를 보고 무례하다고 화를 냈다고 한다. 하지만 그 기자가 선글라스는 낀 이유는 날 때부터 앞을 볼 수 없었기 때문이었다.

옷을 보고 상대를 판단하지도 마라. 고객이 파블로 피카소라고 생각해라. 여기 저기 물감을 묻힌 채 마음 내키는 대로 아무 옷이나 걸치고 다니던 피카소 말이다. 아니면 롤링스톤스의 키스 리차드라고 생각해라. 마지막 순간까지 그가 상큼한 상태였던 적이 한 번이라도 있었는가? 선글라스를 벗고 모국어를 제대로 구사한 적이 있었던가? 니콜라우스 B. 엥켈만은 이렇게 말했다. "옷을 보고 사람을 판단하지 마라. 하지만 명심해라. 다른 사람들은 너를 볼 때 항상 그렇게 한다는 것을."

영업의 성공은 영업 상담 3분 만에 결정된다는 말은 틀렸다. 상담 시작 '전' 세 시간 동안 결정된다. 당신의 머릿속에서, 당신 스스로의 프로그래밍을 통해서 말이다.

엘리베이터를 타고 고객을 만나러 가면서 '빌어먹을, 또 그 짠돌이야'라고 생각한다면 계약이 체결되지 않을 확률은 쑤욱 올라간다. 아무리 생각해도 고객에 단 1점도 줄 수 없더라도 더 자세히 살펴보아야 한다.

⋮ 지금 최고 영업자의 머리에선……

내 세미나에 참석했던 한 참가자가 내 말을 듣고 어찌할 바를 모르겠다는 표정을 지었다. 잘난 척하는 변덕쟁이 자기 고객에게서 눈을 씻고 찾아봐도 장점을 발견할 수가 없다고 말이다. 우리는 힘을 합하여 내용적 차원에서 그에게 접근해보았다. 즉 훌륭한 영업자와 훌륭한 사업가가 만나 멋진 거래를 성사시킬 것이라는 차원에서 그 고객을 바라보려 노력한 것이다.

다음 세미나에 그가 환한 표정으로 나타났다. "림벡 씨, 정말 믿을 수가 없어요. 그 방법이 통했다니까요."

내가 물었다. "어떻게 하셨는데요?"

"고객 행사에서 그의 아내를 만났거든요."

지금 '당신도 웃었는가?' 그날 세미나에 참석한 사람들도 모두 웃었다. 하지만 그의 다음 말은 의외였다. "그 부인이 어찌나 현명하고 호감이 가는 스타일인지 그런 멋진 여자를 아내로 삼았다면 그 고객의 마음 깊은 곳에도 어딘가 호감 가는 구석이 조금은 있지 않을까 하는 생각이 들었지요. 그러고 나서 보니 실제로 그랬습니다. 그때부터 우리의 만남이 예전과 많이 달라졌지요. 훨씬 생산적이고 건설적인 방향으로 바뀌었답니다."

정말 그랬을까? 실제로 무슨 일이 일어났는지는 내가 말해주겠다. 그 영업자는 심리적 트릭을 이용해 스스로를 조종하였고 그를 통해 긴장을 풀었다. 고객 역시 그의 모습에 살짝 긴장이 풀렸을 것이다. 그러자 다시 영업자는 더 긴장이 풀렸고 그 모습을 보고 다시 고객이……. 이제 원칙을 알겠는가?

아예 손사래를 치던 세미나 참가자도 있었다. 그는 아무리 애써봐도 고객과의 끈을 도무지 찾을 수가 없다고 했다. 그러니 영업이 고문과 다름없었다. 그 고객을 만날 때마다 심장이 벌렁거리고 위장이 찌르는 듯 아프다고 했다. 나는 그에게 제안했다. "생일을 기회로 삼아봅시다. 그 고객에게 개인적으로 전화를 걸어 솔직히, 진심으로 축하의 인사를 전하는 겁니다. 입에 발린 말이 아니라 진심으로, 마음에서 우러난 축하 인사를 하는 거지요." 참가자는 고객에게 전화를 걸었다. 비서가 받았고 그가 일 때문에 프랑스에 갔다고 했다. 그때 고객에게 전화를 건다면 생일축하 인사 따위로 자신의 휴대전화 로밍 요금을 무진장 올린 그에게 악을 써댈 것 같았다. 하지만 아무리 나빠져 봤자 지금보다 더할까 싶기도 했다. 그는 마지막 용기를 짜내 전화를 걸었다. 축하 인사를 건넨 후 한참 동안 상대는 아무 말도 하지 않았다. 2분 후 고객이 입을 열었다. "와, 이거 감동인데요. 오늘이 내 생일이라는 걸 기억해주시다니. 감사합니다."

그날 이후 두 사람의 관계는 탄탄대로이다. 그렇다. 사소한 것에는 **많은** 의미가 담겨 있지 않다. 사소한 것에는 모든 의미가 담겨 있다.

⋮ 때를 기다려라

지금 당장 고객의 인간적인 면이 보이지 않더라도 누를 수 있는 단추는 여러 개다. '삑', 단추를 누르면 '쉬잇', 사람이 나타난다. 내게도 인간적이지 않은 고객이 있었다. 크게 눈에 띄지 않는 외모였다. 구식 체크무늬 콤비에 버스 기사용 넥타이를 매고, 건강 신발을 신은 그는 말을 할 때 상대방의 눈을 쳐다보지 않았다. 내 질문에 그가 대답을 할 때면 나는 항상 시계를 쳐다봤다. 아무리 길어도 1분을 넘지 않았다. 최고가 1분 30초였다. 그렇게 2년이 흘러갔다. 거래는 나름대로 괜찮았다. 하지만 관계는 괜찮지 않았다.

언젠가 그와 식사를 할 기회가 있었다. 나는 최대한 신경을 써서 그의 비서에게 전화를 걸었다. 이유야 뻔하지 않은가. 그가 어떤 음식을 좋아하는지 캐내기 위해서였다. 하지만 안타깝게도 그를 만난 자리는 편하지 않았다. 인기 있는 식당을 예약했지만 우리는 썰렁한 분위기에서 억지로 마주 앉아 있었다. 그는 누가 봐도 불편해 보였고 역시나 내 눈을 쳐다보지 않았다. 아마 차라리 그 시간에 셔츠 바람으로 호프집에서 술이나 한잔하고 싶었을 것이다.

결국 우연이 필요했다. 그의 직원이자 나의 친한 친구가 결혼을 했다. 그래서 우리 두 사람이 결혼식에 초대를 받았고 같은 식탁에 앉게 되었다. 그런데 흥겨운 분위기 탓이었는지는 몰라도 그날 그는 갑자기 느긋한 모습을 보였고 내 눈을 쳐다보았다. 알고 보니 그도 지극히 정상적인 친절한 사람이었다. 살다 보면 그럴 때가 있다. 조급해봤자 소용이 없다. 그저 때가 오기를 기다려야 하는 것이다.

고객 유형에 맞춰 대화하는 능력

인간은 각양각색인가요?

네.

인간은 똑같나요?

(역시나) 네.

림벡이 미쳤나요?

아니오.

세 번째 질문에 "예"라고 대답하고 싶다면 당신은 무조건 이 책을 끝까지 읽어야 한다.

"아니오"라고 대답했더라도 우리 두 사람의 생각이 똑같은지 알아보기 위해 끝까지 읽어야 한다.

그러니까 인간은, 고객은, 각양각색이다. 얼굴, 피부색, 나이, 지능, 교육 수준만 다른 것이 아니다. 그럼에도 영업자라면 괜찮은 분류 방식을 이용하여 고객의 유형을 나누어볼 필요가 있다. 어떤 방식을 이용하건 그건 상관없다. 분류 방식은 무궁무진하다. 내가 제안하고 싶은 방식은 다음과 같이 다섯 가지로 나누는 것이다. 첫째, 명성과 위신을 중시하는 인간이다. 둘째, 모든 것을 수량화하는 숫자 인간이다. 셋째, 늘 남들이 하는 대로 따라 하는 인간, 그러니까 긍정적인 의미에서 극성 클럽 회원이다. 그리고 넷째가 독립형 인간, 다섯째는 환경운동 및 사회 참여형 인간이다.

⋮ 고객이 바라는 것과 혐오하는 것

내가 아는 모든 훌륭한 영업자는 사람의 유형에 맞추어 대화법을 바꾼다. 당연히 영업자의 유형이 아니라 고객의 유형에 맞춘다. '항상 네가 대접받고 싶은 대로 사람들을 대하라'라는 격언은 유치원에서나 통하는 것이다. 영업을 할 때는 그렇게 하면 안 된다. 영업을 할 때는 '항상 사람들이 대접받고 싶은 대로 사람들을 대하라'가 맞다. 그렇지 않은가?

최고 영업자는 자기 앞에 앉아 있는 그 사람의 인생 모토를 파악한다. 재빠르게, 아주 세밀한 부분까지. 경찰서에서 범인의 행동 모델을 파악하여 다음번의 범행을 미연에 예방하는 프로파일러처럼 움직인다. 이 기술을 무엇이라 불러도 상관없다. 요점은 이것이다. 일단 경청하고, 열심히 관찰하고, 파악하고, 이해한다. 그런 다음에야 말을 꺼낸다. 그것도 상대의 마음에 가 닿도록 말을 해야 한다.

이 될 것도 없었다.

이때 내가 어떻게 했겠는가? 당연하다. 나는 그를 위해 평소보다 싼 가격을 제안했다. 아주 살짝 싼 가격이었다. 머리는 그러지 말라고 했지만 머리의 말을 들었다면 마음이 편치 않았을 것이다. 어찌 되었건 나는 늘 마음의 빚을 지고 있었고, 그건 정서의 문제였다. 나도 알고 보면 나름대로 착한 인간이니까. 다행히도 그 일이 우리의 우정에 그늘을 드리우지는 않았다. 그가 "네, 좋아요. 그 가격에 합시다"라고 말하는 순간 나는 정말 기뻐 어쩔 줄 몰랐다.

나의 경우는 이렇게 쌍방의 합의가 이뤄져 일이 잘 진행되었다. 지금도 그는 잊지 않고 매달 셰이크와 에너지바를 택배로 보낸다. 하지만 당신은 이 사소한 사례를 요즘 고객들이 어떻게 행동하는지를 배울 수 있는 기회로 삼아야 한다. 영업자라면 얼른 고객에게 다가가 서둘러 관계를 맺을 수 있다. 거기까지는 대단히 좋다. 하지만 그럴 경우 고객이 마음을 열고 편안한 관계를 만드는 데 협조한 대가를 바랄 수도 있다는 사실을 명심해야 한다.

요즘 영업자들은 고객들의 요구가 날이 갈수록 까다로워진다고 한탄한다. 보상이든 가격이든 고객들의 기대가 점점 높아진다고 투덜댄다. 객관적으로 봐도 사실이 그렇다. 특히 고객과 사적인 관계가 될수록 더 많은 것을 양보할 각오를 해야 한다. 다른 고객보다 더 많이, 어쩌면 필요 이상, 정도 이상의 양보까지도 각오해야 한다.

나 역시 경험으로 알 수 있었다. 관계가 친밀해져 그 관계를 이용할 수 있는 상황이 되면 모든 고객이 한 번쯤은 그 기회를 이용해보려고 한다. 예를 들어 환불이나 가격, 대금 납입 기한 같은 부분에서 특혜를 원하는 것이다.

이런 특수 딜레마에 빠질 경우 어떻게 해야 할까? 잊지 마라. 어떤 상황에서도 당신은 영업자다. 고객의 변호사가 되려 하지 마라. 고객은 성인이다. 어떤 결정을 내려야 할지는 그가 제일 잘 안다. 고객과의 관계가 좋을수록 더욱 당당하게, 자신감 있게, 원칙을 지켜야 한다. 그 원칙이란, 다음과 같다. 첫째, 가격이 맞아야 한다. 둘째, 대가 없는 노동은 없다. 셋째, 거래란 쌍방이 얻는 것이 있을 때 성립한다.

하긴 말이야 쉽다. 나도 방금 엄청난 마음의 부담 때문에 어쩔 수 없이 살짝 양보를 했다고 털어놓은 주제가 아닌가. 하지만 명심하라. 아무리 궁지에 몰려도 실질적인 양보는 안 된다. 상징적인 양보로 족하다. 결정은 감정이 내리는 것이고, 그 결정의 이유와 핑계는 나중에 이성이 찾아낸다. 바로 그 점을 노려라. 약간의 상징적인 할인으로 고객에게 신호를 보내는 것이다. 너와 나는 친구라는 신호 말이다. 하지만 그 이상은 안 된다. 고객이 가격만 따지는 사람이라고 믿는다면 그것이야말로 가장 큰 착각이다.

고객의 피드백은 선물이다

정상에만 오르면 자신에 대한 의심도 끝날 것이라 믿는다면 좌절은 떼놓은 당상이다. 내 말이 틀림없다. 세상일은 그런 것이 아니다. 자괴감은 없어지지 않는다. '내가 정말 최고 영업자일까?' 이런 의문은 죽는 날까지 멈추지 않는다. 의문이 완전히 멈추는 경우는 딱 세 가지이다. 첫째, 당신이 의식 불명 상태에 빠지는 것이다. 둘째, 당신이 직업을 바꾸는 경우다. 셋째, 당신의 발이 땅에 붙어 있지 않게 되는 것, 즉 당신이 거만해져서 도저히 두고 볼 수가 없는 인간이 되는 것이다. 그런데 바로 이 세 번째가 우리 영업자들의 직업병이다. 도축업자의 손가락은 '10-X'개이다. 프로 축구선수는 언젠가부터 아침에 체조를 하지 않으면 일어나지 못한다. 영업자는 발이 땅에서 둥둥 뜬다.

적지 않은 최고 영업자들이 그런 직업병을 겪는다. 하지만 정말로 최고인 영업자들은 그런 증세를 절대로 겪지 않는다. 왜 안 겪느냐고? 항상 의심과 더불어 일하기 때문이다. 최고 영업자에겐 반성을 위한 실패가 필요하다. 의심과 실패는 영업자를 더 훌륭하게 만드는 필수 조건이다. 어떤 영업자가 엄청난 액수의 계약에 성공하여 일주일 동안 동료들의 헹가래 세례를 받았다고 치자. 맨손으로 고래를 잡은 어부처럼 온 회사가 그를 떠받든다. 하지만 일주일 후 그가 다시 절망에 빠져 자신의 능력을 의심할 수도 있다. 그 후로 며칠 동안 다시 실적을 한 건도 올리지 못해서 말이다.

훌륭한 영업자가 되려면 감수해야 한다. 하늘 높은 줄 모르고 올라가다 바다 깊은 줄 모르고 추락하는 롤러코스터의 삶을. 당신은 또 이런 생각을 할지도 모른다. '저게 다 무슨 헛소리야? 영업자들이 무슨 조울증 환자라도 되나? 그럼 최고 영업자들은 다 미치광이란 말이야?'

⋮ 무사태평도, 완벽주의도 위험하다

그런 항변에는 굳이 반박할 필요가 없을 것 같다. 하지만 적어도 탈선하지 않고 그런 감정의 롤러코스터를 어떻게 견딜 수 있을지, 그에 대한 대답은 해야 할 것 같다. 마법의 주문은 단 두 마디이다. 학습과 피드백. 너무나 평범하다.

첫째, 누구한테 배울지 잘 따져보아야 한다. 자기도 파산 지경인 세무사한테 세무 상담을 받아서는 안 될 것이다. 코뼈가 부러진 강사한테 갈등 관리 트레이닝을 받아서도 안 되며, 일곱 번이나 이혼한 상담사한테 부부심리치료를 받아서도 안 된다. 자기 분야의 최고가 아닌 사람에게는 절대 배우지 마라. 영업도 마찬가지이다. 나보다 못한 사람을 보며 '난 그나마 나아'라고 생각하면 마음이야 편하겠지만 그래가지고서는 절대 더 나아지지 못한다.

당신에게 감동을 준 사람을 정확히 분석하라. 그는 어떻게 하는가? 말을 할 때는 어떻게 하는가? 동작은 어떻게 하나? 무슨 말을 하나? 어떤 논리를 들이미나? 무엇으로 감동을 주나?

하지만 따라 하라는 말은 아니다. 스스로에게 물어봐라. 당신이 보고 배운 것이 자신에게도 맞을까? 내게, 내 인격에는 무엇이 알맞을까? 무엇을 차용하고 활용하고 발전시키고 변화시킬 수 있을까?

선별, 분석, 차용, 그다음은 바로 연습이다. 자신에게 맞는 것을 찾았거든 그것이 살과 뼈가 될 때까지 꾸준히 연습하라. 자신의 일부가 될 때까지, 자기 것이 될 때까지, 그리고 남들이 다 잘한다고 할 때까지. 바로 이것, 남들의 피드백이 두 번째 마법의 주문이기 때문이다.

당신에겐 남들의 반응이 필요하다. 누가 그런 사람이 되어줄 수 있을까? 고객, 동료, 가족, 경쟁자, 아니, 팬, 신부님, 강아지……. 다 좋다. 중요한 것은 당신이 신뢰할 수 있는 사람인가 하는 것이다. 공정하고 정직한 사람. 당신이 하는 일을 객관적으로 평가할 수 있는 사람. 당신에게 호의를 가진 사람.

예전에는 나도 멋모르고 아무나 붙들고 물었다. 만나는 사람마다 물었다. 그러다 보니 고의가 아닌데도 여러 사람을 괴롭혔다. 요즘엔 그러지 않는다. 친구와 세일즈 매스터즈의 동료들, 안드레아스 부르와 디르크 크로이터에게만 묻는다. 그들이 공정하고 정직한 사람들이기 때문이다. 우리는 서로의 강의를 들어주고 좋은 점과 나쁜 점을 지적해준다. 두루뭉술한 일반적인 평가는 도움이 되지 않는다. 그러므로 정확히 무엇이 마음에 들었는지, 안 들었는지 캐물어야 한다. 정확히 어떤 점이 잘못되었는지 물어야 한다. 한 번의 대답으로 만족하지 말고 계속 캐물어야 한다. '정확히 뭐가? 정확히 어떻게?' 하고 말이다.

피드백은 선물이다. 그냥 선물이 아니라 정말로 소중한 선물이다. 무조건 꼬투리부터 잡는 불평꾼들은 골라내고 시샘꾼들의 트집도 쿨하게 넘겨버릴 수 있다면 생면부지의 사람에게서 온 피드백도 당신을 앞으로 끌어주고 위로 당겨주는 도움의 손길이 될 수 있을 것이다.

예를 하나 들어보자. 비스바덴에서 '세일즈 나이트'라는 행사가 열렸을 때 내가 존경하는 동료 한 사람이 최고의 강연을 했다. 강렬하고 매력적인 강연이었다. 그날 밤 그는 나보다 훨씬 나았다. 강연이 끝나고 바에서 한잔 마시고 있는데 강연을 들었던 한 숙녀가 나에게로 다가와 말을 걸었다. "림벡 씨, 제가 피드백을 드려도 될까요?"

"물론입니다. 그래주시면 감사하지요."

"예전에 선생님 강연을 들은 적이 있었는데 그때가 훨씬 나았던 것 같아요. 아니, 오늘도 잘하셨습니다. 하지만 왠지 선생님 특유의 그 뻔뻔함이 오늘은 조금 부족했던 것 같아요."

그 숙녀의 말이 맞았다. 나는 그날 잘했지만 최고는 아니었다. 이유는 최상의 컨디션이 아니었기 때문이다. 강연이 있는 날에는 항상 그러하듯 그날도 서너 시간 전에 강연장에 도착해 강연장과 청중의 분위기를 체크하였지만 집안에 몇 가지 문제가 있어서 강연을 하는 내내 그 생각이 떠나질 않았다. 그러니 그 숙녀처럼 예전에 내 강의를 들어본 사람이라면 확연히 차이를 느꼈을 것이다.

그녀는 나를 시기하지 않았다. 불평꾼도 아니었다. 아첨을 해서 득을 보려는 것도 아니었다. 그녀는 그저 내게 피드백을 선사하고자 했을 뿐이었다. 나는 그녀에게 감사의 인사를 전했고 그녀의 선물을 흔쾌히 받았으며 그것에서 교훈을 얻었다. 무슨 교훈을 얻었을까? 청중은, 고객은 내 개인의 스트레스와 아무 상관이 없다. 일주일째 주룩주룩 비가 내린다고 해도 당신의 울적한 심정을 알아주는 이는 없다. 불평하지 마라. 자신의 마음을 다독여 기분이 나아지도록 노력하라.

이 시스템에서 대립되는 양극단이 있다. 여유와 완벽주의이다. 여유는 너무 지나치면 무관심과 안이함으로 이어질 위험이 있다. 반면 완벽주의는 타인의 공격성을 자극한다. 완벽한 것을 부숴버리고 싶은 욕망을 자극하는 것이다. 그래서 역풍을 맞을 위험이 크다. 그것도 건강에 유익하지 않다.

무사태평도 망상이고, 완벽도 망상이다. 둘 다 위험하다. 둘 다 거만함의 양상이다. 그 둘 사이에서 균형을 잘 잡아 현실적이고 성실하며 정직한 자화상을 만들어가는 것이 당신의 목표이다. 당신의 얼굴에 가장 잘 어울리는 자화상을 만들어보자.

3

고객
: 고객에 대해 아는 것이 먼저다

고객이 당신을 좋아하게 만드는 방법은 아주 간단하다. 당신이 고객을 좋아해야 한다. 사실 그래야 공평하다. 고객이 영업자의 기분과 무슨 상관이 있는가? 당신 기분이 나쁜 것과 고객의 그날 일정은 아무 관련이 없다. 당신에게도 자아실현의 권리가 있다고, 일진이 나쁠 권리가 있다고 한탄하기 전에 먼저 그건 권리의 문제가 아니라는 사실을 깨달아야 한다. 당신더러 영혼을 팔라는 것도 아니지 않은가. 서로 호감을 느끼도록 하는 것은 프로 의식의 조건이다. 직업윤리의 조건이다.

그는 왜 나를 좋게 생각하지 않을까?

복사기 회사에서 알게 된 지인이 나를 트레이너로 추천하였다. 지금은 큰 통신 회사로 이직을 했는데 그곳 영업부장에게 내 이야기를 한 것이다. 나는 세미나 계획서를 제출했고 나아가 영업부 직원들을 상대로 세미나를 열었다. 나름대로 괜찮았다. 반응도 좋았고 나도 흡족했다.

그리고 그날 저녁 나는 그 영업부장과, 그러니까 나를 고용하였던 그 책임자와 저녁식사를 함께 하였다. 북부 독일의 작은 호텔에서 만났는데 음식도 괜찮았다. 나는 그를 빤히 쳐다보았다. 그를 조금 더 알고 싶었다. 아주 유쾌한 사람이었다. 조용하고 차분하며 양심적이고 분석적이고 내성적인, 한마디로 엔지니어 타입이었다. 수다스럽지도 않았다. 나는 금방 그가 좋아졌다. 맛있는 음식과 포도주로 한껏 분위기가 무르익자 나는 그에게 단도직입적으로 물었다. 트레이닝을 끝내고 나니 내가 어떤 사람인 것 같냐고.

"정말 훌륭한 트레이너지요." 그가 아주 담담하게 말했다. "그렇지만 인간적으로 퇴근 후에 맥주 한잔 같이 나누고 싶은 타입은 아닙니다."

엥? 웨이터가 지나가다 더 필요한 것이 없냐고 물었다. 없다고, 됐다고 했다. 입맛이 싹 달아났다. 나는 할 말을 잃고 상대를 빤히 쳐다보았다. 그 순간을 잊을 수 없다. 야구 방망이로 가르마를 타는 것 같은 심정이었다.

그는 입에서 나오는 대로 지껄이는 사람이 아니다. 그런 그가 어떻게 나에 대해 그런 평가를 내리게 되었을까? 맥주를 같이 마시고 싶지는 않은 사람이라고? 그냥 의무감에서 포도주랑 저녁만 같이 먹을 수 있는 사람이라고? 귀찮지만 의무감에서? '잠깐, 잠깐! 상상은 여기까지. 정신 차리자. 그의 말을 진지하게 받아들이자. 이런 돌직구도 선물이야. 어쨌거나 그는 솔직했잖아. 대답을 견딜 수가 없었다면 왜 물어봤어? 아니야, 견딜 만해. 생각을 조금 더 해봐야겠어…….' 그의 말을 어떻게 평가할지를 두고 마음속에서 이런 격론이 벌어지는 동안 나는 오늘의 세미나를 되짚어보았다. 세미나 시간, 나는 참가자들에게 많은 것을 요구하였다. 재촉하고 채근하고 닦달하였다. 그와 같은 내성적인 사람이라면 상당히 공격적이라고 느꼈을 것이다. '공격'에서 '비호감'은 그리 멀지 않다. 퇴근 후 편안하게 맥주 한잔 나누면서까지 그런 인간의 채찍을 맞고 싶은 사람은 없다. 나도 충분히 이해할 수 있다.

⋮ 마음을 터놓는다는 것

사실 따지고 보면 그런 반응이 당연할지도 모른다. 그가 나에 대해 아는 것은 오늘 보여준 한쪽 면밖에 없다. 솔직히 나라도 집으로, 혹은 친구들과 어울리는 자리로 혹독한 트레이너를 불러들일 생각은 없다. 나에게도 인간적인 면이 있다는 것을 그가 어떻게 알겠는가?

물론 나는 그가 그렇게 정직한 대답을 해주어 고마웠다. 식사 분위기도 나쁘지 않았다. 그는 아마 그렇게 솔직한 얘기에도 내가 화를 내지 않아 조금 놀랐을 것이다. 하지만 그날 집으로 돌아온 나는 한참을 잠들지 못한 채 뒤척였다. 그 정도로 그의 말이 내 마음을 강타했던 것이다. 나의 영업 방식은 나의 선택이었다. '미스터 뉴 하드셀링'은 나의 자발적 선택이었다. 하지만 잠깐만 허울을 벗고 서로에게 솔직해보자. 우리는 인간이다. 인간은 누구나, 당신도 나도 지친 몸으로 하루를 마치는 시간이 되면 사랑받고 싶은 마음이 간절하다. 엄마의 품에 꼭 안기고 싶어 한다. 아주 잠깐만이라도. 나도 인간이다. 나도 당신과 똑같다. 나는 그를 좋아했다. 그러니까 그가 나를 좋아해주기를 바랐다. 너무나 기본적인 욕구다. 그래서 그토록 마음이 아팠던 것이다.

그날 그 일로 나는 무슨 교훈을 얻었을까? '왜 그는 나를 좋아하지 않을까?'라는 질문은 틀렸다. 올바른 질문은 이것이다. '내가 무슨 잘못을 했기에 나는 그가 나를 좋아하지 못하도록 만들었을까?' 나는 자신의 영향력을 철저히 확신한다. 부정적인 영향력까지도. 나는 내가 한 일에 반드시 책임을 진다.

재미있었던 것은 그 역시 프로답게 나의 전문적인 능력은 인정하였다는 사실이다. 그는 그 후로도 계속 내게 세미나를 요청하였고 여러 가지 프로그램을 부탁하였다. 그렇게 몇 주 동안 함께 일하면서 피드백을 주고받고 식사를 나누는 사이 우리는 점차 마음을 터놓게 되었다. 언젠가부터는 개인적인 이야기도 나누는 사이가 되었다. 그리고 어느 날 그는 인간으로서의 나를 보는 눈이 달라졌다고 고백했다. 지금 우리는 일 년에 서너 번씩 전화를 걸어 서로의 안부를 묻는 사업 친구가 되었다. 우리는 응원하는 축구팀도 달라서, 그는 베르더 브레멘의 팬이지만 아인트라흐트 프랑크푸르트가 이길 때마다 내게 축하 인사를 보낸다. 좋은 사람이다.

고객이 계약서에 서명하길 싫어한다면?

당신도 질투와 시기를 알 것이다. 정말? 그렇다. 최고 영업자라면 시기를 모를 수가 없다. 고객, 사업 파트너, 동료들의 얼굴에 드러나는 그 온갖 혐오스러운 생각들. '말은 번지르르하네. 속으로는 자기 인센티브만 계산하고 있을 거면서.' '가격 협상 땐 무조건 인상을 벅벅 쓰고 있어야 해.' '누구랑 잤기에 저런 자리를 꿰찬 거야?'

질투의 외침은 곳곳에서 들려온다. 대놓고 말은 안 하더라도 행간에서 질투를 읽을 수 있다. 적대감과 공격성이 묻어나는 행동, 그리고 돌고 돌아 내 귀에까지 들려온 험담을 통해서 말이다. 하지만 괴로워하지 마라. 이건 너무나 정상이다. 흥분할 이유가 전혀 없다.

하긴 이런 식의 질투는 우리만의 현상인 것도 같다. 세계 어디를 가더라도 이런 식의 질투가 흔한 나라는 없지 않을까? 미국의 경우 성공 스토리를 이야기하면 박수갈채와 응원이 쏟아진다. '웰 던 보이, 굿 잡!' 능력은 보상을 받고, 주변의 긍정적 에너지를 끌어모은다. 사방에서 이런 말이 쏟아진다. "나도 당신처럼 되고 싶어요." "나도 그렇게 성공하려면 어떻게 해야 하죠?" "대체 어떻게 했기에 이런 성공을 거머쥐었나요?" 하지만 이 땅의 분위기는 천양지차다. 남의 성공을 나의 자극제로 받아들이는 것이 바티칸에서 벨리댄서를 구경하는 것만큼이나 힘들다. 미국에는 '밀리언 달러 선데이' 같은 행사도 있다. 사업가들이 만나서 백만 달러 수입의 상한선을 깬 동료들을 축하해주는 자리이다. 개인적인 초대장과 재산증명서가 있어야만 들어갈 수가 있다. 그런 행사장에서 누가 밖으로 나오면 호텔 현관에 있던 생면부지의 미국인들이 박수를 쳐준다. 만일 우리나라라면 어떨까?

아, 오해는 마시길. 나는 이 나라를 사랑한다. 이곳은 또 전혀 다른 것이 가능한 나라이기 때문이다. 영업을 시작한지 얼마 되지 않았던 때였다. 이십 대 후반이었던 나는 어느 날 나보다 나이가 두 배는 많은 고객을 만나기 위해 고급 호텔에 갔다. 상담 준비는 철저히 했지만 흥분을 가라앉히기가 힘들었다. 더구나 하필 그날 그 호텔에서 지멘스 노조가 창립기념일 행사를 여는 바람에 호텔이 북새통이었다. 태어나서 그렇게 반백의 신사들이 많이 모인 광경을 본 적이 없었다. 불현듯 나의 고객도 저런 언짢은 표정을 하고 있으면 어떻게 할까 걱정스러워졌다.

그래서 어떻게 되었느냐고? 기름이라도 칠한 것처럼 일이 술술 풀렸다. 고객은 예상대로 시원시원한 사람이었다. 고도의 집중력, 빠르고 정확한 일처리. 계약서가 눈앞에 둥둥 떠다녔다. 나는 더 이상 뜸들이지 않고 그 계약서를 낚아채 탁자에 올리며 생각했다. '자, 이제 서명을……' 내 인생의 첫 계약이었다. 나는 산뜻하게 계약을 마감하고 싶었다. 교육을 받는 동안 귀에 못이 박히도록 들었다. 계약은 서명이 없으면 아무것도 아니라고, 하찮은 종이쪽지에 불과하다고. 그런 말들을 그렇게 많이 한 데에는 다 그럴 만한 이유가 있을 것이다. 그러니 고객이 어서 서명을 해줬으면 했다. 그런데 그다음 순간 일어났던 그 일을 나는 평생 잊지 못할 것이다.

고객인 남자가 벌떡 일어나 예리한 눈빛으로 나를 살폈다. 한마디도 하지 않고서 말이다. 그러더니 손을 쭉 내밀며 중후하고도 진지한 목소리로 말했다. "난 상인입니다. 내가 한 말은 반드시 지킵니다."

이런 일은 전혀 준비가 되어 있지 않았다. 어떻게 해야 할까? 그 순간 본능이 속삭였다. 여기서 서명을 고집하면 끝이라고. 고객도, 주문도, 모든 것이 날아가버릴 것이라고. 나는 일어서서 그의 손을 맞잡으며 역시나 목소리를 쫙 깔고서 말했다. "저도 제가 한 말은 반드시 지킵니다."

그래서 어떻게 되었냐고? 우리는 아주 오랜 세월 함께 일했지만 한 번도 계약서를 쓰지 않았다. 하지만 쥐꼬리만 한 문제도 발생하지 않았다. 그는 언제나 제 날짜에 정확하게 돈을 지급했고 합의한 일정은 반드시 지켰으며 아무리 사소한 약속도 어긴 적이 없었다. 두말할 것도 없는 최고의 고객이었다. 그는 그저 만년필을 쓰고 싶어 하지 않는 고객이었을 뿐이다. 그리고 그는 밤마다 걱정 없이 잠들고 싶은 모든 영업자들이 꿈꾸는 사업윤리와 상도덕을 보여준 고객이기도 했다.

⠿ 붕대를 단단히 감아야 한다

하지만 이번에도 내 말을 곡해하지는 마라. 우리의 일상은 다른 모습이다. 너무나 많은 사람들이 영업의 세계는 복싱 경기라고, 그러므로 붕대를 단단히 감아야 한다고 주장한다. 영업자라면 상도덕은커녕 정반대의 인간들, 사기꾼, 거짓말쟁이, 수다쟁이, 헛소리꾼, 뻥쟁이, 협잡꾼들의 출현을 언제 어디서나 염두에 두어야 한다.

물론 늘 그런 것은 아니다. 하지만 잊을 만하면 출현한다. 그 사실을 잊으면 안 된다. 그리고 올바르게 대처해야 한다. 나 역시 적잖이 그런 사람들을 만난다. 얼마 전에 만난 남부 독일 대도시의 한 소프트웨어 기업의 사장 같은 사람들이다. 시작은 아주 순탄했다. 다만 한 가지, 내가 평소와 달리 대금을 두 번에게 나누어 받는다는 조건에 그만 합의하고 말았다. 절반은 트레이닝을 시작하기 전에, 나머지는 그 후에. 지금 돌아보면 한심하기 짝이 없는 실수였다.

회사의 결정권을 가진 두 사람은 전혀 다른 말을 했다. 한쪽은 영업에 중점을 두라고 하고, 다른 쪽은 계약 체결에 중점을 두라고 했다. 트레이닝을 하는 동안에도 뭔가 두서가 없다는 인상이었고, 그런 상태로 1차 트레이닝이 끝나자 왠지 뒷맛이 개운치 않았다. 이유는 정확히 모르겠지만 어딘지 궁합이 안 맞는다는 생각이 들었다. 그들의 피드백도 시원한 답을 주지 못했다.

두 달 후 나는 추가 일정을 의논하기 위해 전화를 걸었다. 이야기를 나누다 보니 보충할 부분이 발견되었고, 다음 일정에서 그 부분에 집중하기로 결정했다. 그런데 1차 트레이닝이 끝난 지 두 달이 지나고도 나머지 대금이 지급되지 않았다. 그들은 계속 보충 트레이닝을 고집했다. 내 입장은 분명했다. '보충은 좋다. 하지만 먼저 계약을 지켜 돈을 지급해라.' 그러자 더 많은 항의가 쏟아졌다. 여기가 부족했다는 둥

저기가 부족했다는 둥……

　그래도 내가 절대 물러서지 않자 결국 그들도 꼬리를 내리고 정체를 드러냈다. 두 사람 다 돈이 없었다. 지불 능력이 없었다. 그래도 트레이닝은 열심히 받겠다고 했다. 나는 내 식대로 해야 했다. 나는 내 요구 조건을 고집하였고 분할 납부를 제안했다. 그러자 그들의 변호사가 내게 편지를 보냈다. '조정을 하자. 절반만 받아라!'

　자, 당신 생각은 어떤가? 그 제안에 동의하는 편이 좋았을까? 질질 끌다가 자칫 한 푼도 못 건질 수도 있는데 조금이라도 주머니를 채우는 편이 더 나았을까? 나는 원칙을 택했다. 내 고문 변호사의 전화번호를 눌렀다.

　다행히 요즘엔 그런 실수를 잘 저지르지 않는다. 뼈를 깎는 노력과 훈련의 결과이다. 또 무슨 일에도 세미나 비용은 깎아주지 않는다. 할인해주지 않는다. 이상한 제안에는 아예 응하지 않는다. 그런 놈들은 마늘로 흡혈귀를 쫓듯 쫓아버려야 한다. 그런 놈들의 제안에 응하는 순간 당신은 그들의 놀이터에서 놀게 된다.

　또 한 가지 내가 얻은 교훈은, 처음에 뭔가 궁합이 안 맞으면 끝까지 안 맞을 확률이 매우 높다는 것이다. 아무리 노력해도 끝까지 관계가 좋아지지 않는 고객이 있다. 얼른 불꽃이 옮겨 붙지 않을 때는 일단 최선을 다해 내 몸을 불살라 불길을 옮겨보겠지만, 도저히 안 되겠다 싶을 땐 과감하게 결단을 내려야 한다. 강하고 분명한 결정이 장기적으로 보면 양보, 보충, 재협상보다 훨씬 건강하고 성공적이다.

고객을 속일 수 있다는 생각을 버려라

경계는 확실히 긋는 것이 좋다. 한편 영업자라면 그런 줄 긋기가 규칙과 목표가 되어서는 안 된다. 나하고 궁합이 안 맞는 고객들한테도 배울 점은 있다. 고객에 대해 나쁘게 생각할수록 당신도 더 나빠지고 더 참을 수 없는 인간이 된다.

고객을 속일 수 있다고 생각하면 큰 오산이다. 당신은 로버트 드니로가 아니다. 고객도 다 느낀다. 고객이 즐거운 마음으로 물건을 사고 싶게 만드는 사람이라는 것, 그것이 당신의 핵심 자질이다. 하지만 계약을 체결하기 위해 원래보다 더 호감 가는 사람인 것처럼 연기를 하라는 말은 절대 아니다.

아무리 무디고 둔한 고객도 본능이란 것이 있다. 무의식적으로 당신의 제스처를 읽고, 당신의 동작과 얼굴의 미미한 표정을 포착한다. 눈동자가 멍한지, 무관심한 표정으로 고개를 돌리는지, 억지로 웃는지 다 보고 있다. 당신이 숨을 부자연스럽게 쉰다는 것도, 당신의 말이 중간중간 퉁명스러워진다는 것도, 목소리를 억지로 높이고 있다는 것도 다 알아챈다.

앞에서도 말했듯 당신이 뿜어내는 것은 자동적으로 당신에게 되돌아온다. 당신이 정직하면 정직한 고객이 당신 곁으로 몰려든다. 당신이 부정직하면 부정직한 고객이 꼬인다. 누구나 자기 몫의 고객을 얻는 법이다.

⋮ 몸은 영혼의 장갑이다

유명한 보디랭귀지 트레이너이자 팬터마임 배우인 새미 몰코는 늘 '신체는 영혼의 장갑'이라고 말했다. 고객 앞에 선 당신의 영혼이 주먹을 불끈 쥐고 있는데 어떻게 당신의 몸이 열린 제스처로 그에게 악수를 청한단 말인가?

뮌헨의 브로이하우스에서 강연을 한 적이 있다. 당시 강연장에 들어서자마자 가슴이 답답했다. 사방 벽이 칙칙한 색깔인데다 청중과의 거리가 채 1미터도 되지 않았다. 관객석에도 기분 나쁜 표정의 사람들이 칙칙한 옷을 입고 앉아 있었다. 재판장에 피의자 신분으로 끌려들어간 기분이었다.

어둡고, 좁고, 답답하고 숨이 막혔다. 그런 상황에서 강연을 해야만 했다. 나는 폭 좁은 연단 위를 동물원 쇠창살 안에 갇힌 사자처럼 오갔다. 평소 같으면 자주 관객석으로 내려가기도 했지만 그날은 그러지 않았다. 장소가 협소하다 보니 제스처의 폭도 좁아졌고 보디랭귀지도 실종되었다. 강연이 제대로 될 리 없었다. 손가락 절반이 굳은 피아니스트가 어떻게 피아노를 연주하겠는가? 나는 분위기에 전염되

없고 형편없는 강의를 하고 말았다.

　청중은? 그들도 당연히 전염이 되었다. 나의 기분에 전염되었다. 좋은 평가가 나올 리 만무했다. 잘 와 닿지 않는 이야기라고, 늘 하던 소리라고, 하나 마나 한 소리라고 했다. 사람들은 나를 좋아하지 않았다. 당연했다. 그날 저녁 내가 나 자신을 좋아하지 않았으니까. 세상 이치가 그런 것이다. 괜찮은 사람인 양, 믿을 만한 사람인 양 연기를 할 수 있다고 생각하면 오산이다. 반드시 괜찮은 사람, 믿을 만한 사람이 되어야 한다. 그리고 그러자면 당신이 행복해야 한다.

⋮ 두 가지 규칙

　절대 일 못하는 인간들이 들이대는 핑계가 아니다. 행복은 직업의 일부이다. 모든 고객에게 호감을 느낄 수는 없다. 나도 내 모든 고객을 다 좋아하지는 않는다. 하지만 친절하지 않은 고객, 호감을 느낄 수 없는 고객을 더 호감 가는 인간, 더 나은 인간으로 교육시키는 것이 나의 임무는 아니다. 속으로는 정말 싫다고 생각하면서 겉으로는 상대를 괜찮게 여기는 척하라는 것도 아니다. 나의 임무는 고객과 긍정적인 방향으로 영업을 마무리 짓는 것이다. 그리고 그렇게 하기 위해 고객에게 존중과 존경을 선사하는 것이다. 내가 고객을 좋아하지 않는다면 한 순간은 숨길 수 있을지 몰라도 장기적으로는 절대 그럴 수가 없다. 고객의 장점과 좋은 성품을 찾아내지 못한다면 어쩔 수 없이 그를 존중하지 못하고 존경할 수 없을 것이다. 그리고 존경심과 더 붙어 그를, 고객을 잃게 될 것이다.

존경심을 잃었는데도 계약을 위해 계속 고객과 관계를 유지한다면 나는 그런 나 자신을 좋아할 수 없을 것이다. 자신을 좋아하지 못하는 영업자는 자신에게 호의적이지도 않다. 자신에게 호의적이지 못한 영업자에겐 고객 역시 호감을 느끼지 못할 것이다. 그리고 당신의 고객이 당신에게 호감을 느끼지 못한다면 결국 당신은 짐을 싸야 할 것이다.

다시 한 번 말하지만 나는 당신이 고객을 존경하는 척하기를 원치 않는다. 당신이 고객을 실제로 존경하기를 원한다. 굳은 확신을 가지고! 고객을 존경할 수 없다면 당신은 그 고객과 맞지 않는 영업자이다.

영업자는 두 가지 특성을 갖추고 두 가지 규칙을 지킬 때에만 최고 영업자가 될 수 있다. 두 가지 특성은 호감과 능력이다. 그리고 두 가지 규칙은 다음과 같다. 능력이 있는 영업자는 설사 능력 없는 영업자보다 호감 가는 타입이 아니라 해도 장사를 더 잘한다. 하지만 능력이 똑같을 때는 호감이 가는 타입이 더 장사를 잘한다.

그 규칙은 어디서나 통한다. 한번 상상해보라. 당신이 심장 수술을 받아야 하는 상황이다. 능력은 있지만 호감이 가지는 않는 의사와 호감이 가는 의사, 둘 중 누구를 선택하겠는가? 머리가 희끗희끗한 능력 있는 조종사와 아직 머리에 피도 안 마른 매력적이고 친절한 젊은 부조종사 중 누가 비행기를 몰아야 할까? 절대 음감을 지닌 인상 나쁜 사람과 난청에 시달리는 좋은 인상의 중년 남성 중 누구에게 오케스트라 지휘를 맡겨야 할까? TV를 사러 가서 두 명의 판매 직원이 당신을 향해 걸어온다. 오사마 빈 라덴처럼 생긴 직원과 넬슨 만델라처럼 생긴 직원 중 당신은 누구를 향해 다가가겠는가?

고객이 당신을 좋아하게 만드는 방법은 아주 간단하다. 당신이 고객을 좋아해야 한다. 사실 그래야 공평하다. 고객이 영업자의 기분과 무슨 상관이 있는가? 당신 기분이 나쁜 것과 고객의 그날 일정은 아무 관련이 없다. 당신에게도 자아실현의 권리가 있다고, 일진이 나쁠 권리가 있다고 한탄하기 전에 먼저 그건 권리의 문제가 아니라는 사실을 깨달아야 한다. 당신더러 영혼을 팔라는 것도 아니지 않은가. 서로 호감을 느끼도록 하는 것은 프로 의식의 조건이다. 직업윤리의 조건이다.

당신의 자녀가 맹장염으로 응급수술을 받았다. 수술을 마친 외과의사가 당신에게 이렇게 말한다. "대충 집었습니다. 퇴근 시간이 15분이나 지났거든요."

다음 날 수술 자리에 염증이 생기자 의사는 또 이렇게 말한다. "어제는 일진이 안 좋았어요. 하루 동안 무려 수술을 열 한 번이나 했거든요. 저도 일진이 안 좋을 권리는 있지 않습니까?"

너무 과장이 심하다고? 그런 의사가 세상에 어디 있냐고? 영업자가 영업을 종료한다고 고객의 목숨이 위태로운 것은 아니지 않느냐고? 물론 그렇다. 생사가 달린 문제는 아니다. 그럼에도 나의 비유는 지나치지 않다. 윤리적 가치는 나눌 수 없는 것이다. 직업윤리도 마찬가지이다. 일을 잘하거나 잘 못하거나 둘 중 하나이다. 그 사이에 있는 모든 것은 '잘하지 못했다'라는 말의 미화에 불과하다.

영업자가 자기 일을 잘 했는지 아닌지는 계약 체결 여부만 보고는 판단할 수 없다. 고객이 계약을 체결한 후 그 전보다 더 기분이 좋아야 한다. 그것이 진짜 영업자의 목표이다. 그리고 그 목표는 자기가 응원하는 축구팀이 참패를 당한 것처럼 우거지상을 해가지고서는 절대 도달할 수가 없다.

과감하게 "No"를 외쳐야 하는 순간

계약을 체결한 후 거꾸로 영업자가 기분이 더 나빠지면 어떻게 하나? 고객이 정말로 걸어 다니는 구토제라면? 앞으로 계속 거래는 잘할 것 같지만 그 고객만 보면 숨통이 턱턱 막힌다면? 얼마나 참아야 할까? 얼마나 그렇게 갈 수 있을까?

내가 해줄 수 있는 충고는 이렇다. 너무 성급하게 포기하지는 마라. 스포츠 정신을 발휘해라. 고객을 자극제로 생각하라. 이렇게 주문을 외는 것이다. "해내고 말 거야. 그에게서 긍정적인 면을 찾아내고 말 거야."

하지만 인정할 건 인정해야 한다. 때로는 나도 두 손 들고 만다. 때로는 나도 더 이상 사막에서 꽃밭을 찾아 헤매지 않는다. 왜? 나의 자존감을 위해서, 내 영혼의 안식을 위해서이다. 때로는 스스로에게 이렇게 속삭이는 것도 나쁘지 않다. '어이 마틴, 굳이 그렇게까지 할 필요는 없어. 그 정도면 할 만큼 했어.'

몇 년 전에 만난 한 고객은 건강식품 회사 사장이었는데 첫 인상이 상당히 좋았다. 브리핑 때까지만 해도 분위기가 나쁘지 않았다. 그렇지만 우리 사이는 오래가지 못했다.

첫 세미나를 앞두고 저녁식사를 같이 했다. 그가 갑자기 내기를 제안했다. "림벡 씨, 첫 세미나가 끝나면 회사 일에 적극적인 직원과 소극적인 직원을 알아맞힐 수 있겠어요?"

나는 비싼 포도주 한 병을 걸었고 첫 세미나의 휴식시간에 이미 정답을 맞혔다. 일종의 능력 테스트였던 셈이었는데 어쨌든 내가 내기에서 이겼다. 하지만 그 회사의 분위기가 살벌하고 우울하다는 사실 역시 금방 느껴졌다. 회사 상황도, 조직도 너무 비인간적이었다. 직원의 일부만 정규직이었고 나머지는 다 임시직이었다. 또 보디빌더와 보디빌더가 아닌 사람들 사이에도 눈에 보이지 않는 갈등이 있었다. 그리고 모든 직원이 한마음으로 부당한 대우를 받고 있다고 느꼈다. 원인은 금방 파악할 수 있었다. 바로 사장이었다. 나와 내기를 했던 바로 그 사람 말이다. 그는 독재자처럼 회사를 운영했다. 그러니까 그 내기도 나에게 보내는 경고장이었던 셈이었다.

며칠 후 추가 세미나 일정을 의논하기 위해 그를 만났다. 영업부장도 같이 나왔다. 그런데 사장이 갑자기 나에게 이렇게 말했다. "림벡씨는 정말 운이 좋아요. 우리 직원들 보셨으니 아시겠지만 교육시키기가 식은 죽 먹기 아닙니까? 워낙 생각들이 없으니 시키는 대로 다할 겁니다. 정말 공짜로 돈 벌어 가시는 거예요."

나는 엄청 당황했고 충격을 받았다. 너무 놀라 어떻게 대답해야 할지 감이 잡히지 않았다. 그래도 내색하지 않고 침착하게 대답했다. 나는 세미나 참가자들을 그렇게 부정적으로 평가할 입장이 아니다. 또설사 그렇다고 해도 그건 아닌 것 같다.

그가 말을 이었다. "제 말을 믿으세요. 누워서 떡 먹기라니까요. 유치원 생일잔치에 왔다고 생각하시면 돼요."

이 남자는 자기 직원들을 얼마나 무시하는가! 그건 그전부터도 이미 짐작했던 바였다. 아무리 설득을 해도 그는 끝내 세미나 장소를 제일 싼 모텔로 잡았다. 심지어 지하실이었다. 회사의 회의실이란 곳도 들어가보면 정말 숨이 막힐 듯 작고 답답했다. 사방 벽에 유치한 그림이 걸려 있었는데 사장이 손수 그렸다고 했다. 뭐, 취향이야 개인의 문제니까 넘어가기로 하자.

그런데 그는 세미나 일정이 다 끝나기도 전에 온갖 불평불만을 쏟아냈다. 꼭 일정을 다 마쳐야 하는지, 계약을 지켜야 하는지, 세미나가 돈값을 하는지 등등을 문제 삼았다. 나는 불과 며칠을 겪었는데도 신물이 날 지경이었는데 허구한 날 사장 얼굴을 봐야 하는 그 회사 직원들은 오죽할까?

존경심이 사라진 곳에서 관계가 평화롭고 아름다울 리 없다. 결국 나는 처음에 내기에 이긴 것이 잘못이었다고 시인할 수밖에 없었다. 실은 내가 지고 직원들이 이긴 것이었다. 그들이 사장에 대해 털어놓았던 모든 불만과 불평이 진실이었으니 말이다. 그들은 불평꾼이 아니라 현실주의자들이었다. 그 회사와 일이 모두 끝났을 때 나는 진심으로 기뻤다.

이런 경우가 드물지 않다. 나와 같은 일을 하는 한 동료가 자기 경험담을 들려준 적이 있었다. 어떤 고객이 30명의 트레이닝을 부탁하였다. 그런데 브리핑을 할 때부터 뭔가 이상했다. 약속 시간에도 늦었고 정통 영업법을 가르쳐달라고 하는데 뭔가 앞뒤가 안 맞았다. 말로 이상한 표현을 하지는 않았지만 행간에서 뭔가 야릇한 느낌이 묻어났다.

결국 그게 무엇인지 밝혀졌다. 그 고객의 목적이 합법성의 경계를 넘나들었던 것이다. 어쨌든 건실한 사업과는 거리가 멀었다. 판매하겠다는 제품도 극도로 의심스러웠다. 배당률과 수익률도 합법적인 방법으로는 도저히 나올 수 없는 숫자였다. 뭔가 구린 냄새가 났다.

나의 동료는 양심의 목소리에 귀를 기울였고, 결국 브리핑 시간 동안 과감한 결단을 내렸다. 벌떡 일어나 밖으로 나가버린 것이다. 대신 그는 그날 하루를 값진 휴가로 생각하여 남은 시간에는 어린 딸을 데리고 동물원에 다녀왔다. 몇 달 후 그 고객이 나에게 문의를 해왔다. 하지만 나는 아무것도 눈치채지 못했다. 그 고객을 아느냐고 내가 동료에게 물어보기 전까지는. 얼마나 다행인지 모른다. 다행히 나는 그에게 물어보았다. 그래서 더 일이 진행되기 전에 얼른 손을 뗄 수 있었다.

내 말을 믿어라. 아무리 고객의 주문에 목마른 영업자라도 거절을 해야 할지를 두고 고민에 빠질 때가 있다. 양심이 허락하지 않는다면, 조금도 존경할 수 없는 고객이라면 과감하게 "No"를 외칠 수 있어야 한다. 영업자가 주문을 거절하여 오히려 기분이 좋아진다면 그 순간이야말로 바로 자신의 영혼을 달래고 자존감을 키울 수 있는 절호의 찬스이다.

⋮ 나는 왜 그 주문을 거절했는가

　내게도 비슷한 상황이 있었다. 복사기 제조업체에서 세미나를 열기로 하고 임원들과 만나 브리핑을 했다. 먼저 사장이 내게 인사를 건넸고, 다음으로 홍보부장에게 발언권을 넘겼다. 그런데 그의 입에서 이런 말이 튀어나왔다. "자, 그럼 림벡 씨, 상세한 자기소개를 부탁합니다. 그리고 왜 우리가 당신에게 세미나를 부탁해야 하는지 그 이유도 설명해주십시오."

　'엥, 이게 뭔 개소리야?' 하며 의아했지만 나는 이렇게 대답했다. "의뢰를 한 쪽은 그쪽입니다. 그런데 내가 누구이고 내가 무엇을 하는 사람인지 모른다니요. 그것도 모르면서도 의뢰를 하셨다면 학생이 숙제도 안 하고 학교에 온 것과 마찬가지입니다. 숙제가 없이는 수업도 없습니다." 나는 일어나 밖으로 나왔다. 나도 안다. 내가 좀 거칠었고 또 너무 성급했다는 것을. 하지만 이건 아니라고 시끄럽게 외치는 마음의 목소리를 외면할 수가 없었다.

　몇 년 전에도 비슷한 부탁을 브리핑 자리에서 거절한 적이 있었다. 사장이 직원들에 대한 나의 평가를 문서로 작성해달라고 요구했던 것이다. 고작 나흘의 세미나를 마친 후 영업 트레이너가 써준 직원 평가를 자신의 평가보다 더 믿는 사장이라면 더 말할 필요가 없을 것이다. 그의 그 부탁은 자신의 리더십 부족을 자인한 꼴밖에는 안 되었다. 그래서 나는 그 주문을 거절했다. 사실 고객의 부하직원들을 평가하는 것은 나의 임무가 아니었다.

　'저 사람이 제 실수를 고백하면서 제 발등을 찍는구나.' 지금 만약 이렇게 생각했다면 당신은 하나만 알고 둘은 모르는 사람이다. 나의 포기에는 위대함이 담겨 있다. 당신도 배워 제 것으로 만들어야만 할 바로 그 위대함이.

사람과 사람 사이에는
쾌적한 거리가 필요하다

훌륭한 영업자라고 해서 춤곡이 나올 때마다 춤을 추지는 않는다. 사람마다 외향적인 사람과 내성적인 사람이 있으니 영업자도 외향적인 타입과 내성적인 타입이 있을 것이다. 전형적인 외향적 영업자는 사냥꾼이다. 반대로 내성적인 영업자는 채집꾼에 더 가깝다. 채집꾼은 부지런하게, 꼼꼼하게 계획을 세운다. 양심적이고 정확하며 정해진 틀에 맞춰 인내심을 갖고 성실히 일한다.

사냥꾼은 빠르고 날렵하다. 기회가 오면 본능적으로 낚아챈다. 역이나 공항에서 처음 만난 사람한테 무턱대고 명함을 달라고 조르는 영업자는 틀림없이 사냥꾼 타입이다. 그런 타입은 틀에 박힌 업무에는 금방 싫증을 내기 때문에 늘 새로운 것을 찾는다. 나도 이런 타입에 속한다. 여가가 나면 연을 날리고 암벽타기를 하고 비행기에서 낙하산을 타고 뛰어내리며 어디를 가나 늘 손에 명함을 들고 다니면서 만나는 사람마다 건네준다.

한편 채집꾼은 낚시를 더 좋아한다. 나도 이런 타입에 속한다. 보드게임을 즐기고 퍼즐을 풀거나 모빌을 쌓는다. 채집꾼은 집단적인 인간이다. 공동체 의식이 강하고 고객과의 유대관계를 좋아하며 고객에게 성심을 다한다.

이쯤 되면 다들 내가 무슨 말이 하고 싶은 건지 눈치를 챘을 것이다. 기업엔 두 가지 유형의 인물이 필요하다. 사냥꾼도 있어야 하고 채집꾼도 있어야 한다. 그래서 잘되는 기업을 가만히 들여다보면 사냥꾼과 채집꾼의 노동 분업이 척척 이루어진다. 사냥꾼이 물어온 것을 채집꾼은 정성을 다해 보살피고 키운다. 양쪽 모두 최선을 다할 수 있는 여건이 조성되어 있다.

모든 상행위에선 구매자와 판매자의 관계가 형성된다. 당신이 원하건 원치 않건 상관없다. 하다못해 빵 한 쪽을 사도 구매자와 판매자가 있고 그 두 사람 사이에 관계가 형성된다. 관계없는 영업은 불가능하다. 그리고 그 관계가 얼마나 가까워질지, 얼마나 개인적이고 친밀해질지는 당신에게 달렸다.

현재 독일에서 제일 잘나가는 축구 감독 펠릭스 마가트를 예로 들어보자. 그는 인간 사이에는 쾌적한 거리가 필요하다고 생각한다. 자신의 목표는 선수들에게 아버지 같은 친구가 되는 것이 아니라고 잘라 말한다. 그는 선수들에게 말을 놓지만 선수들은 높임말을 쓰게 한다. "최대한 감정을 배제한 채 선수들을 대하려고 합니다." 〈비르트샤프츠보헤〉지와의 인터뷰에서 그는 이렇게 말했다. "내가 불쾌한 인간이 될 수 있어야만 선수들에게서 최고의 역량을 끌어낼 수 있거든요. 모든 사람이 자발적으로 최고의 역량을 발휘하지는 않는다고 생각합니다. 그렇게 되면 경기장이든 의회든 시끄러워질 겁니다. 나는 팀이 어디로 진격해야 할지 지시를 내리는 사람입니다. 따라서 공동 발언

권은 허용하지 않습니다. 16개국 출신의 스무 명, 서른 명으로 구성된 부대를 단결시키려면 모두의 소리에 일일이 귀를 기울일 수 없습니다. 명확한 규칙과 그것의 준수가 불가피합니다. 그래야만 성공이 가능하지요. 그리고 그 성공이 모두를 단결시킵니다."

⋮ 진심 없는 아첨은 티가 난다

나도 마가트의 생각에 공감한다. 고객과 너무 가까운 사이가 되면 프로의 입장을 고수하기가 힘들어진다. 영업자에게 프로의 입장을 고수한다는 말은 납입 기한과 가격을 고수한다는 뜻이다. 사업 파트너 사이에서도 마찬가지이다. 프로다운 거리, 확실한 통고, 그리고 존중. 이것이 필수조건이다.

물론 거리도 때에 따라, 프로정신도 때에 따라! 우리 모두는 칭찬과 인정에 목마른 존재이다. 거만한 독재자 사장도 알고 보면 사랑받고 칭찬받고 싶어 하는 가엾은 인간이다. 사랑과 인정을 향한 인간의 갈망은 그것을 위해서라면 무슨 일이든 할 정도로 대단하다. 그래서 사랑을 받지 못할수록 더 갈망이 커지고 그 갈망을 채우려는 노력도 과격해진다. 특히 자존감이 낮은 사람일수록 외부의 인정과 사랑을 더 갈구하는 법이다.

고객에게도 이 법칙이 통한다. 하지만 앞에서도 누차 말했듯 진심이어야 한다. 진심 없는 아첨은 연기하는 것과 비슷한 효과를 낼 뿐이다. 고객은 당신이 진심인지 아닌지 금방 알아차린다. 당신의 행동을 믿을 수 있는지 아닌지 금방 간파한다. 특히 당신의 행동이 상황에 맞지 않을 경우엔 더욱 그러하다. 택시기사에게 운전을 잘하고 사고를 내지 않는다고 해서 국가유공자 훈장을 주지는 않는 법이다.

예전에는 모든 트레이너들이 이런 칭찬과 인정을 향한 고객의 열망에 초점을 맞추었다. 요즘은 양과 기술보다는 칭찬의 타당성에 더 중점을 둔다. 아첨은 과거의 유물이다. 요즘은 차별화와 맞춤 서비스가 더 중요하다. 적시에 던진 적절한 표현, 나는 그것을 예의 바른 칭찬이라고 부르고 싶다. 진심에서 우러나온 칭찬이라 부르고 싶다. 과한 영업자의 칭찬에 동정 어린 억지웃음을 짓는 고객이 눈앞에 선하다. 그는 이렇게 말할 것이다. "그래요? 판매직원 교육 때 배웠나 봐요."

4

심리학
: 그 영업자의 심리학에는
특별한 것이 있다

나의 가장 중요한 영업 도구는 호기심, 그리고 인간에 대한 지식이다. 그래서 컨디션이 괜찮으면 고객이 어떤 상태인지를 상당히 빠른 시간 안에 간파한다. 일단은 고객이 어떻게 행동하는지, 무슨 말을 하고 그 말을 어떻게 하는지, 어떤 동작을 취하는지 가만히 지켜본다. 그러니까 대화가 시작된 후 몇 초, 몇 분 동안에는 모든 안테나를 곤두세워 고객의 송출 신호를 잡아채야 하는 것이다.

심리학을 모르면 일어날 수 있는 일

사장 비서와 인력개발부 부장이 참석한 프레젠테이션 시간이었다. 나는 이 전기회사 영업 사원 교육 프로그램을 따내고자 시범 강연을 하는 중이었다. 느낌이 나쁘지 않았다. 그래도 언제나처럼 성공 확률이 어느 정도인지는 알고 싶었다. 그러자면 사장에게 직접 접근하는 것이 가장 빠른 길이다. 그런데 안타깝게도 사장이 프레젠테이션에 오지 않았다. 나는 먼저 비서에게 물었다. "지금 복도에서 사장님을 만나신다면 사장님께 제 강의 소감을 어떻게 말씀하실 건가요?

비서는 나의 프로다운 태도가 마음에 들었지만 나의 방식이 자기 직원들에겐 너무 공격적이지 않나 우려된다고 대답했다. 오케이, 그건 나도 아는 사실이다. 나는 그에게 이렇게 대답했다. 방식을 조금 부드럽게 바꾸는 건 일도 아니다. 내가 프레젠테이션을 과격하게 한 것은 내가 거기까지 할 수 있다는 것을 보여주기 위해서였다. "프레젠테이션을 할 때 저는 항상 라디오 볼륨을 10까지 높입니다. 상대는 10을 원하는데 내가 5에 맞췄다면 상대는 내가 10까지 할 수 있다고 생각하지 못할 겁니다. 낮추는 건 언제나 가능하거든요." 그 말로 나는 그의 웃음과 호감을 얻었다.

인력개발부 부장에게도 똑같은 질문을 던졌다. 하지만 그녀는 "말씀드릴 수 없어요"라고 잘라 말했다.

그래도 나는 계속해서 그녀에게서 시선을 떼지 않았다. 미소도 지었고 고개도 살짝 끄덕였다. 그렇게 계속 시선을 고정시켜놓으면 결국 그녀도 입을 열게 되리라는 것을 알았기 때문이었다. 실제로 그녀는 입을 열었다. 하지만 내가 원하는 대답은 아니었다. "림벡 씨, NLP를 배우셨다는 것은 알겠는데요, 저는 그런 식의 조작은 별로 좋아하지 않습니다. 더구나 앞으로 세 명의 트레이너가 더 프레젠테이션을 할 예정입니다."

나는 괜찮다고 생각했다. 까탈스러운 여성이지만 좀 있으면 진정할 것이라고 예상했다. 중요한 것은 사장과의 직통선이다. 그래서 다시 한 번 비서를 물고 늘어졌다. 주차장으로 나를 배웅하러 온 그가 내 차를 보더니 감탄사를 내뱉었다. "저 차인가요? 이번이야말로 진짜 차를 타시는 트레이너를 만나게 되는군요. 저번 트레이너는 녹이 잔뜩 쓴 폭스바겐을 몰고 와서는 자기 차가 정비소에 있어서 여자친구 차를 타고 왔다고 하더군요." 나는 눈을 찡긋하며 대답했다. "여자친구가 그런 낡은 차를 몰고 다니게 놔두다니 여성을 너무 대접할 줄 모르는데요." 이번에도 그는 웃음을 터뜨렸다. 사장 비서에게 좋은 인상을 남겼다. 운이 좋은 날이었다.

다음 일정에도 인력개발부 부장이 나왔다. 그런데 오, 예스! 이번에는 사장님이 직접 나오셨다. 나는 저번보다 더 의욕적으로 강의에 임했고, 역시나 내가 낙점될 확률이 어느 정도인지 알고 싶었다. 사장은 지난번의 비서와 비슷하게 대답을 했다. 그래도 안심은 금물이다. 역공은 언제나 가능했다.

안타깝게도 그 시점에서 나는 실수를 저지르고 말았다. 또 한 번 인력개발부 부장에게 질문을 던진 것이다. 그것도 똑같은 질문을 말이다. 그녀는 이렇게 대답했다. "림벡 씨, 지난번에도 말씀드렸는데요. 말씀드릴 수 없다고요."

그러니까 진작에 입을 다물었어야 했다. 촐싹거리며 질문을 던졌다가 괜히 분위기만 더 험악해졌다. 그런데 그것으로도 모자라 나는 더 큰 실책을 저질렀다. 내가 왜 그런 짓을 했는지 지금 생각하면 도저히 알 수가 없다. 아마 그녀의 태도가 고까웠기 때문일 것이다. 나는 이렇게 말했다. "피드백을 전혀 주지 않는 건 협력에 필요한 신뢰의 기초가 아닌데요."

⋮ 어쩌자고 같은 실수를 또 반복한 거야?

일주일 후 나는 예의 바르고 친절한 표현의 거절 편지를 받았다. 서명의 주인공은 그녀, 즉 인력개발부 부장이었다.

자, 이제 우리의 젊은 하드셀러 림벡이 어떻게 했을까? 미련을 버리고 더 값진 다른 일로 눈길을 돌렸을까? 아니, 나는 미련하게도 물고 늘어졌다. 세 번째로 최종적인 실수를 저지른 것이다. 그것도 같은 사람에게. 공격이 최선의 방어이며 이미 거절을 당한 처지에 무서울 것도 없었기에 나는 사장에게 직접 편지를 써 직원들 앞에서 두 번의 시범 강연을 할 테니 직원들에게 직접 트레이너를 고르게 하는 것이 어떠냐고 제안했다.

이번에도 답장이 왔다. 이번에도 사장이 아니라 그 인력개발부 부장한테서! 그녀는 정말로 화가 나서 내가 얼마나 무례하고 멍청한지 야단을 쳤다. 그리고 그녀의 회사는 앞으로 영원히 두 번 다시 나오는 거래를 하지 않겠다고 못을 박았다.

'영원히'라니! 이렇게 깔끔할 수가 있나! 하지만 최악은 그녀의 말이 전적으로 옳았다는 사실이다. 그녀가 화를 낸 것은 정당했다. 당신은 그 이유를 알겠는가? 이미 알아챘는가?

멍청한 나는 그걸 몰랐다. 그녀에게서 두 번째 편지를 받고서야 겨우 알아차렸다. 바로 그것이었다. 그 회사에서 트레이닝과 관련하여 결정을 내리는 사람은 바로 그녀였다. 인력개발부 부장이었다. 사장 비서도 아니고 사장도 아니고 인사부 부장도 아니었다. 그녀였다. 그녀가 결정권자였다.

그녀는 정말로 화를 냈고 그런 그녀의 행동은 완벽하게 정당했다. 한심한 나는 그 사실을 깨닫지 못했다. 그래서 그녀를 무시했다. 처음부터 그녀가 불신을 토로했다는 사실을 알아채지 못했고 그녀의 마음을 되돌리려 노력하지도 않았다. 그녀를 존중하지 않았기에 이제 와서 그녀의 반감을 무너뜨릴 수도 없었다. 그저 억지를 부리고 떼를 썼다. 그것이 어떤 결과를 가져올지 전혀 예상치 못했다.

한마디로 나에겐 공감이 부족했다. 인간의 심리를 너무 몰랐던 것이다.

고수는 감정의 힘을 이용할 줄 안다

알렌스바흐 여론조사 연구소는 이미 몇 년 전에 구매 동기에 대해 조사를 한 적이 있었다. 그 연구 결과는 지금도 유효하다. 연구 결과는 인간이 어떤 제품을 사는 이유는 그 제품이 품격을 높여주기 때문이라는 것을 보여줬다. 혹은 그 제품이 경제성을 높이고 쓰기 편리하며, 최신 기술 제품이기 때문에 산다. 나아가 사회적 욕구에 부응하기 때문에, 환경과 건강에 도움이 되기 때문에, 그리고 안전의 욕망을 채워주기 때문에 산다.

압도적인 다수의 고객은 이 일곱 가지 이유 중 한 가지 이유만으로는 물건을 사지 않는다. 여러 가지 이유가 충족되어야 하며, 심지어 일곱 가지 이유 모두가 충족되기를 바라는 고객도 있다. 하지만 결국엔 한 가지 혹은 두 가지 이유가 주도권을 잡아 실제의 구매 여부를 결정짓는다.

예를 들어보자. 삼십 대 중반의 남자가 자동차 판매점에 들어와 미니밴 앞에 서 있다. 능력 있는 영업자라면 그가 값싸고 연비 좋은 소형차를 원하는 대학생이 아니라는 사실을 즉각 간파할 것이다. 그렇다고 주말에 골프장에 몰고 갈 품격 있는 카브리오를 보러온 사장님도 아닐 것이다. 그는 아마도 한 집안의 가장일 것이고 안전하고 편안하고 효율적으로 장을 보고 애들을 학교에 태워주고, 주말이면 캠핑을 가고 할머니 댁에 갈 수 있는 그런 차를 원할 것이다.

⁝ 함께 느끼고 함께 걸어가고

그런데도 보통의 영업자들은 자동차의 기술적 혁신, 뛰어난 엔진성능, 날렵한 외관을 강조하느라 침을 튀긴다. 그들이 그날 자동차를 팔 수 있는 확률은 상당히 낮다.

최고 영업자는 가장 중요한 구매 동기를 머릿속에 담고 다닌다. 경제성과 편리성, 안전성이 계약 체결의 결정적 동기라는 사실도 이미 잘 알고 있다. 품격과 기술은 예상과 달리 구매에 큰 영향을 미치지 못한다. 나아가 에어백의 숫자와 좌석 변경 가능성, 트렁크의 크기, 승차감, 엔진의 힘 중에서 고객에게 가장 중요한 것이 무엇인지도 알아내야 한다. 그리고 그를 위해 항상 질문을 준비하고 있다. 그렇다. 바로 그것이다. 그는 먼저 질문을 던진다. 무조건 주절주절 자동차의 장점을 늘어놓지 않는다. 우선 질문을 던져 고객의 동기를 파악하고 그 동기를 집중 공략한다. 그래서 자동차를 판매한다.

훌륭한 영업자는 산파와 같다. 아이는 대부분 저절로 나와 산파의 품으로 미끄러진다. 하지만 흡입기나 집게를 사용해야 할 정도의 난산도 있다. 몇 시간 동안 아무런 진척도 없이 산모의 고통만 계속되는 경우도 많다. 심지어 제왕절개를 하지 않으면 큰일이 나는 경우도 있다. 하지만 출산의 과정이 쉽건 어렵건, 빠르건 느리건, 결국 모든 산모는 아이가 이 세상에 태어나 행복을 느낀다.

산파는 의학 공부를 할 필요까지는 없어도 인간의 해부학, 특히 여성의 하체와 관련된 특수 지식을 알고 있어야 한다. 신경 언어 프로그래밍, 교류 분석, 바이오 구조 분석 등등 온갖 지식이 동원된다. 신경심리학자들은 구매 결정이 무엇보다 '파충류의 뇌'라 불리는 대뇌 변연계에서 내려진다고 주장한다. 진화사적으로 볼 때 상대적으로 역사가 깊은 이 대뇌 부위는 대뇌 아래 쪽에 위치하며 엔도르핀이 분비되는 장소이기도 하다. 통증을 완화시키고 행복을 느낄 수 있게 도와주는 그 호르몬 말이다. 또 변연계는 감정, 직관, 충동적 행동의 원천이다. 물론 이것들이 전부 변연계 혼자만의 책임은 아니지만 구매 결정과 같은 결정은 무엇보다 변연계에서 유발된다. 대뇌의 합리적 설명 모델은 파충류의 뇌에서 직관적 결정이 내려진 후에야 탄생하는 것이다.

똑똑한 영업자는 감정의 힘을 이용할 줄 안다. 구매의 이유는 나중에 이성이 찾아내겠지만 실제로 구매를 결정하는 것은 감정이란 것을 잘 알기 때문이다. 이 말은 또 고객이 영업자에게 느끼는 호감도 역시 구매 동기에 따라 달라진다는 뜻이기도 하다. 호감이라는 뜻의 영어 'sympathy'는 '함께 느끼고, 함께 아파한다'라는 의미의 그리스어 슘파티아에서 유래한 말이다. 이렇듯 최고 영업자는 이 고객과 공통된 감정의 기초를 닦을 줄 안다. 말 그대로 함께 느낄 줄을 아는 것이다.

NLP니, 교류 분석이니, 신경생물학이니 하는 영업 기술들은 너무

이론적이고 복잡하다. 고객을 만나 그런 방법들을 고민하다 보면 이성이 너무 활성화되어 정작 가치 있는 감정의 자원을 활용하지 못한다. 그저 함께 느끼고, 가만히 지켜보며, 마음으로 다가가 고객과 함께 목표를 향해 걸어갈 줄 아는 영업자, 그가 바로 최고의 영업자이다.

고객을 만난 첫 순간 놓쳐서는 안 되는 것

나의 가장 중요한 영업 도구는 호기심, 그리고 인간에 대한 지식이다. 그래서 컨디션이 괜찮으면 고객이 어떤 상태인지를 상당히 빠른 시간 안에 간파한다. 일단은 고객이 어떻게 행동하는지, 무슨 말을 하고 그 말을 어떻게 하는지, 어떤 동작을 취하는지 가만히 지켜본다. 그러니까 대화가 시작된 후 몇 초, 몇 분 동안에는 모든 안테나를 곤두세워 고객의 송출 신호를 잡아채야 하는 것이다.

심리학에서 말하는 동기의 모델도 알렌스바흐 여론조사 결과와 다르지 않다. 인간에게 동기를 부여하는 것들은 사회적 인정, 안전, 신뢰, 자기존중, 독립, 책임감이다. 그러니까 지금 내 앞에 있는 고객이 사회적 인정을 가장 중요하게 생각한다는 느낌이 들 경우 나는 이렇게 말할 수 있을 것이다. "어제 막 출시된 모델입니다. 아마 거리로 나서자마자 사람들이 신기해서 마구 몰려들걸요."

고객이 독립을 가장 중요하게 생각한다는 느낌이 들면 이렇게 말한다. "단체 관광하고는 질적으로 다릅니다. 사람들이 잘 모르는 절경만 골라 뽑은 상품이거든요."

고객이 안전을 중시한다면 또 이렇게 말하면 된다. "이 업계 매출액 최고 5대 기업이 이 소프트웨어를 사용합니다."

자기존중에 중점을 두는 사람들은 무엇이든 저울에 달아보는 경향이 있다. 항상 자신이 옳다고 우기며 증거를 요구하고 숫자, 도표, 자료, 점검을 중요시한다. 당연히 매사에 의심이 많다. 하지만 의심은 저항의 다른 형태이다. 의심이 많은 사람은 근본적으로 오픈 마인드가 아니다. 그런 사람들은 무엇보다 긴장을 풀어주어야 한다. 내가 잘 써먹는 방법은 프레젠테이션을 할 때 관련 자료를 보여주는 것이다. 고객이 의심스러워하는 부분에 고객을 참여시키는 것이다.

⋮ 의심이 많은 고객을 다루는 법

하지만 동기와 욕망의 차이만 중요한 것이 아니다. 사람마다 세상을 인식하는 방식도 다 다르다. 모든 사람에겐 오감이 있지만 그중 어떤 감각에 뛰어나며 어떤 감각을 더 자주 사용하는지는 사람에 따라 다 다르다. 예를 들어 시각적인 사람에게는 "보시면 아시겠지만……", "잘 보세요" 같은 시각적 언어를 자주 사용하는 것이 좋다. 촉각이 뛰어난 사람의 경우 "시원합니다", "감각적이군요", "인체공학적입니다"처럼 촉각을 자극하는 표현이 좋을 것이다.

그렇다. 최고 영업자는 고객과 좋은 관계를 쌓기 위해서라면 무슨 지식이든 총동원한다. 하지만 책에서 읽거나 강연에서 배운 이론을 무작정 늘어놓는 건 아무 도움이 안 된다.

앞에서도 누차 말했듯 결국엔 몸으로 익힌 지식, 사람들과 부딪치며 쌓은 지식이 가장 효과적이다. 이론적인 지식이 아무리 많다 해도 현실에서 통하지 않는다면 다 무슨 소용이 있겠는가? 더구나 당신이 머릿속으로 심리학 책을 뒤적이고 있다는 것이 빤히 보이면 고객의 마음에서는 당장 반발심이 일어난다. 어디서 주워들은 이론만 주절대는 영업자는 절대로 최고가 될 수 없다. 당연히 계약을 따낼 수도 없다. 고객이 무엇을 원하는지, 몸으로, 경험으로 익힌 지식이 진정으로 중요하고 효과적이다.

아무리 반복해도 지나침이 없는 지점이다. 특히 처음에, 고객을 만난 첫 순간에는 모든 감각을 헛간처럼 활짝 열어젖혀야 한다. 아주 사소한 것도 놓쳐서는 안 된다. 고객의 구두가 반짝반짝 광이 나는가? 그렇다면 그는 외모에 신경을 쓰는 타입이다. 고객이 팔에 시계를 찼는가? 평범한 시계인가? 아니면 비싼 명품인가? 눈에 띄는 디자인인가? 아니면 구식인가? 고객은 신분의 상징을 중요하게 생각하나? 와이셔츠 소매에 커프 링크스가 달려 있는가? 헤어스타일은? 악수를 할 때 손에 힘을 꽉 주는 스타일인가? 그냥 편안하게 손만 쥐는 척하는 스타일인가? 목소리는 어떤가? 목소리에 힘이 넘치고 시끄럽나? 조용조용한 스타일인가? 말을 빨리 하나? 자기 이름을 어떤 식으로 발음하나? 이 모든 것이 고객에 대해 많은 것을 알려준다. 그가 말한 내용, 그가 글로 쓴 내용 이상의 것을 알려준다.

최고 영업자라면 이 모든 것을 몇 초 안에 간파하여 빠르고 직관적으로 판단한다. 그리고 그 판단의 결과를 적극 활용한다. 무엇에 활용하는가? 공감에 활용한다. 관찰이 정확할수록 해석도 정확하다. 해석이 정확할수록 고객에 대한 지식이 늘어난다. 인간에 대한 지식이 늘어날수록 고객과의 유대가 좋아진다. 고객과의 유대가 좋아질수록 영업자에게 돌아오는 호감도 상승한다. 호감이 상승할수록 계약율도 높아진다.

한 중소기업 세미나실에서 간부들을 대상으로 교육을 한 적이 있었다. 기대와 긴장감으로 세미나실 분위기가 팽팽했다. "사장님이 아직 안 오셔서요." 누군가 말했다.

아하, 나는 즉각 간파했다. 사장이 없으면 아무것도 안 되는 회사구나. 세미나실 문이 열렸다. 아직 사람이 들어오지도 않았는데 모두가 자세를 고치며 바짝 긴장했다. 벌떡 일어나 찬양가라도 부를 분위기였다. 자신감 넘치는 활달한 남자가 자기 군대를 시찰하러 온 율리우스 시저의 정열적인 보디랭귀지를 선보이며 방으로 들어왔다. 그는 나를 빤히 바라보더니 이렇게 말했다. "아하, 우리 직원들에게 제대로 된 영업을 가르쳐주실 영업계의 스타시군요. 어떻게, 우리 회사에 대한 파악은 끝나셨습니까? 회사 구경은 하셨나요?"

그것은 뒷공간 패스였다. 그 사실을 간파한 나는 즉각 이렇게 대답했다. "정말 좋은 생각인데요! 그럼 회사 구경부터 시작할까요?"

예상대로 그는 직접 안내를 맡았다. 자신의 인생의 역작을 자랑하고 싶었던 것이다. 그러니까 나는 그의 당당한 모습과 자부심에서 정확한 공략 지점을 찾아냈다. 황무지 위에 자신이 세운 인생의 역작을 자랑하고 싶은 마음을 정확히 집어내어 충분한 칭찬과 인정을 쏟아주었던 것이다. 그런 사람들은 안내하고 보여주는 걸 좋아한다. 그래서 나는 기꺼이 그의 안내를 받았다. 또 회사를 한 바퀴 도는 동안 충분한 존경심을 표하였다. "맨땅에 이런 회사를 일구시다니 정말 감동적입니다." 물론 빈말이 아니었다. 나는 진심으로 그렇게 생각했다.

고객과의 정서적 유대가 중요하다

대규모 투자은행의 최고 영업자 32명을 모아놓고 세미나를 연 적이 있었다. 그 직후 그 은행의 인사부장이 세미나에 참석했던 32명의 영업자들과 점심식사를 하면서 내 세미나가 어땠는지 물어보았다. 한 사람도 빼놓지 않고 아주 좋았다고 대답을 했다.

그런데도 그녀는 나를 만난 자리에서 불안한 표정을 감추지 못했다. 그러고는 머뭇거리며 이렇게 물었다. "우리 직원들이 큰 도움이 되었다고 말하더군요. 그런데 한 가지 여쭤봐도 될까요?"

나는 당연히 그러라고 대답했다. 그녀가 무엇을 물을지 잔뜩 호기심이 동했다.

"세미나실에 정말로 선생님의 대형 사진이랑 로고가 세워져 있나요? 세미나실 문 옆에는 '이곳에서 XY사의 직원들이 미래의 성공을 위해 훈련을 받고 있습니다'라고 적힌 안내판이 붙어 있다고 하더군요. 그건 참 괜찮은 아이디어라고 생각했어요. 그렇지만 정말로 와이셔츠 소매에 림벡 로고가 박힌 커프 링크스를 달고 다니시나요? 정말 타고 다니시는 포르셰 911의 문 테두리가 림벡 로고로 장식되어 있나요?"

흠……. 전부 맞는 말이다. 나는 그녀에게 직원들에게 가서 내가 어릴 때 너무 힘들게 살아서 지금 그렇게 자의식이 넘치는 것이라고 이야기해 달라고 부탁했다. 이상한 안내판에, 커프 링크스, 포르셰, 자동차 문 장식도 다 고단한 어린 시절의 영향 탓이라고.

웃는 그녀에게 덧붙여 말했다.

"저를 특정 서랍에 집어넣어 유형화시키는 것이 사람들에게 도움이 된다면 저도 그런 식의 유형화에 전혀 이의가 없습니다. 다만 중요한 것은 그 서랍에 제 이름을 붙여주는 것이지요. 그리고 그 이름을 보면서 제가 얼마나 세미나를 잘했는지 기억해주는 겁니다. 그렇게만 해주시면 아무래도 좋습니다."

당연히 나라는 인간도 특정한 유형으로 구분할 수 있다. 나도 특정 서랍에 집어넣을 수 있는 인간이다. 아무것도 물려받은 것 없이 자수성가한 남자, 어떤 대답에도 당황하지 않는 남자, 날쎈돌이 하드셀러. 항상 추월차선으로 달리고 완벽한 정장을 입고 완벽한 차를 타는 남자. 하지만 그 남자가 들어갈 서랍은 하나의 서랍에 불과하다.

또 하나의 서랍에는 불어오는 바람을 즐기고 싶어 느리게 달리는 남자가 있다. 가족용 디젤차를 몰고 여유 있게 즐기는 남자, 디젤차 덕분에 뮌헨에서 함부르크까지 가는 데 주유를 한 번밖에 안 해도 되면 좋아서 죽는 어린아이 같은 남자, 낚시터에서 몇 시간이고 입을 꾹 다물 줄 아는 남자, 낚시 결과가 시원치 않으면 그릴에 스테이크를 구워 찬 맥주와 함께 즐길 줄도 아는 남자가 있는 것이다.

그런가 하면 일을 할 때의 나는 항상 완벽한 의상을 갖춘다. 와이셔츠 소매에 커프 링크스를 달고 자체 광고판과 서류가방도 챙긴다.

왜냐고? 나에게는 림벡이 곧 상표이기 때문이다. 상표가 곧 마르틴 림벡이기 때문이다.

나이키 신발에 나이키 로고가 새겨진 것을 이상하게 생각하는 사람은 없다. 하비 오토바이를 타는 사람 셋 중 하나는 가죽 재킷은 물론 몸에도 하비 타투를 하고 다닌다. 그렇듯 내 셔츠에 달린 커프 링크스에는 림벡의 로고가 새겨져 있다. 그 말은 내가 나의 상표를 몸으로 실천하며 100% 지지한다는 의미이다. 나는 내 상표에 자부심을 느낀다. 지난 20년 동안 내가 노력하여 얻은 것이기 때문이다.

⋮ 어떤 상표를 만들 것인가

원하건 원치 않건 고객은 잠재적으로 상표의 영향을 받는다. 순수 합리적 결정이란 존재하지 않는다. 합리적이라고 확신하는 결정도 알고 보면 무의식과 감정에 떠밀려 내려진 것이다. 그러므로 훌륭한 영업자는 항상 고객과 정서적 유대를 쌓기 위해 노력한다. 그리고 고객과 함께 감정의 건반을 두드리기 위해 노력한다. 물론 훌륭한 영업자는 합리적 논리, 그럴싸한 표현 방식, 고객의 항변에 대처하는 방법도 마스터하고 있지만 그 못지않게 언제 적극적으로 나서고 언제 한 발 뒤로 물러서야 하는지도 훤히 꿰고 있다.

당신이 들어간 서랍이 고객이 바라는 곳이라면, 그러니까 당신이 긍정적 가치로 넘쳐나는 상표라면 고객에게 호감도 훨씬 더 빨리 전할 수 있을 것이고 그만큼 당신의 기회도 커질 것이다.

서랍, 감정의 건반, 조작, 심리학……. 표현은 다양하지만, 사실상 영업의 결과는 단 두 가지뿐이다. 처음으로 대화를 나눈 후 고객이 '다른 사람한테 알아봐야겠군!'이라고 생각한다면 그 영업자의 심리학엔 뭔가 문제가 있다.

반대로 고객이 '와우, 괜찮은데! 가격은 못 깎았지만 믿을 수는 있겠어'라고 생각한다면 그 영업자는 성공한 사람이다. 제대로 된 영업자다.

5

집중
: 당신은 왜 집요해져야 하는가?

영업의 포커스가 돈이라면, 영업자의 진짜 최고의 목표가 수당이라면 그
영업자는 길을 잘못 든 사람이다. 그리고 절대로 최고 영업자가 되지 못할
것이다.

복사기를 팔던 영업 초보 시절, 선배님들은 한목소리로 말씀하셨다. "모든
초보자가 저지르는 실수를 자네만은 하지 말게. 계약을 한 건 올리자마자
계산기를 꺼내 수당을 계산하는 짓은 제발 하지 말라는 소리야."

돈을 좇지 마라, 돈이 쫓아오게 하라

이번 장의 주제는 집중이다. 포커스! 최고 영업자는 포커스를 어디에 맞출까? 매출? 수당? 호감 가는 인상? 고객? 상품? 다 틀린 말은 아니다. 하지만 정답도 아니다.

뉴 하드셀러는 영업을 할 때 포커스를 영업에 맞춘다. 누군가는 말할 수도 있다. "아이고, 속보여라. 림벡 씨, 너무 속보이는데요." 맞다. 너무 뻔한 말이다. 하지만 다시 한번 생각해보라. 그 말은 영업자로서 당신이 딱 한 가지에 포커스를 맞추어야 하며, 그 대상은 바로 업무의 진짜 핵심이어야 한다는 의미이다.

영업자가 고객을 방문했다고 해서 돈을 버는 것은 아니다. 고객과 상담을 했다고 해서, 고객에게 가기 위해 운전을 했다고 해서, 고객의 항의에 잘 대처했다고 해서, 반듯한 의상을 입고 옷매무새에 신경을 썼다고 해서, 언변이 좋다고 해서 돈을 버는 것은 아니다. 그 모든 것은 전제조건이요, 부가조건일 뿐 방정식의 정답이 아니다. 그 모든 것은 등산 장비에 불과할 뿐 등산 그 자체는 아니라는 말이다. 업무의 핵심이 빠진다면 아무리 뛰어난 조건과 장비도 한 푼의 가치도 발휘하지 못한다.

지금 당신의 생각 중심에 영업이 떡 버티고 있다면 당신은 아마 영업에 필요한 모든 조건을 이미 다 구비한 상태일 것이다. 예를 들어 필요한 모든 정보를 다 수집하였을 것이고, 영업에 어울리는 옷을 입었을 것이며, 고객의 변명을 미리 예상하여 거기에 맞는 다양한 대답을 생각해두었을 것이고, 제품에 대해 완벽하게 마스터하였을 것이다. 이 모든 영업의 기술은 절대적으로 필요하다. 훌륭한 스키 선수는 절대로 낡아빠진 싸구려 장비를 들고 리프트에 오르지 않는다. 베스트 드라이버는 최고의 자동차를 선택한다. 최고의 축구팀은 훈련 장소에서부터 경기장, 코칭 스태프에 이르기까지 최고의 훈련 환경을 제공받는다. 그러므로 영업자가 영업에 필요한 모든 준비를 완비하는 것은 순수한 프로 정신이다. 하지만 아무리 좋은 스키 장비도 혼자 알아서 리프트를 탈 수는 없다. 제아무리 잘나가는 강력 엔진도 혼자서 시상대에 오를 수 없으며 아무리 우수한 사령탑도 자기들이 경기장에 나가 직접 뛸 수는 없다. 그리고 당신이 제아무리 완벽한 조건을 갖추었다고 해도 당신 회사가 그것만 보고 돈을 주지는 않는다.

결국 중요한 것은 결과이다. 스포츠에선 메달과 우승컵과 결정 골과 챔피언 타이틀이다. 그래서 미하엘 슈마허는 세계 최고의 레이서지만, 더크 노비츠키는 세계 최고의 실력을 갖추고도 별로 유명하지 않다. 이유는 단 하나, 그의 팀이 항상 결정적인 경기에서 패배하였기 때문이다. 결국 중요한 것은 행위가 아니라 결과이다. 영업은 영업이지 고객에게 선보이는 시범 연기가 아니다. 그러므로 처음부터 단 하나의 포커스만 있을 수 있다.

⋮ 수당에 연연하면 잃게 되는 것

자, 이제 우리 허심탄회하게 속내를 털어놓아보자. 당신이 진짜 영업자라면 영업으로 먹고살 수 있기를 바랄 것이다. 그냥 사는 정도가 아니라 잘 먹고살 수 있기를 바랄 것이다. 수당을 많이 받아서 그 돈으로 잘 먹고 잘 살고 싶을 것이다. 영업이란 자고로 항상 돈이 오가는 지점이다. 아닌 척하지 마라. 영업자는 타이틀이나 지위, 권력에 연연하는 사람이 아니다. 남들의 찬사와 위신을 앞세우는 사람도 아니다. 대통령이 되고자 하는 것도 아니며, 교황이나 프리마 발레리나가 되겠다는 것도 아니며, 세계 챔피언 자리나 오스카상을 노리는 것도 아니다. 영업자는 자기 분야에서 최고가 되고자 한다. 응원단장이 되겠다는 것이 아니다.

이 책은 최고 영업자의 올바른 자세에 대해 말하는 책이다. 그중에는 당연히 돈을 바라보는 자세도 포함된다. 그리고 이제 나는 당신에게 정말로 중요한 것을 말하고자 한다. 나에게 돈은 정말 대단한 물건이다. 나는 돈을 무지무지 좋아한다. 아마 대부분의 영업자가 그럴 것이다. 돈이 더러운 것이라고, 부끄러운 것, 숨겨야 하는 것이라고 생각하면서 영업을 직업으로 선택한 사람은 아마 없을 것이다. 돈은 교환 수단이다. 많이 가지면 많은 것과 바꿀 수 있다. 우리 회사에 돈이 많으면 우리 회사는 많은 것을 교환할 수 있다. 우리 고객이 돈이 많으면 우리 고객 또한 많은 것을 교환할 수 있다. 그것은 장점이지 단점이 될 수는 없다. 그야말로 장점인 것이다.

그렇지만! 진한 글자로 강조한다. **그렇지만!** 영업의 포커스가 돈이라면, 영업자의 진짜 최고의 목표가 수당이라면 그 영업자는 길을 잘 못 든 사람이다. 그리고 절대로 최고 영업자가 되지 못할 것이다.

복사기를 팔던 영업 초보 시절, 선배님들은 한목소리로 말씀하셨다. "모든 초보자가 저지르는 실수를 자네만은 하지 마. 계약을 한 건 올리자마자 계산기를 꺼내 수당을 계산하는 짓은 제발 하지 말라는 소리야."

나는 영업 전선으로 나섰고 처음으로 복사기를 한 대 팔았다. 내가 제일 처음으로 한 짓이 무엇이었을까? 그렇다. 나는 계산기를 꺼냈다. 얼마를 벌지 내 눈으로 계산해보지 않고서는 손이 근질거려 견딜 수가 없었기 때문이었다. 하지만 세월이 흐르면서 진정으로 중요한 것이 무엇인지 깨닫게 되면서 점차 수당에 대한 관심도 줄어들었다. '먹고살 만해졌으니까 그렇겠지.' 당신은 아마 이렇게 생각할 것이다. 맞다. 그 말도 틀린 말은 아니다. 하지만 그건 핑계에 불과할 뿐 반증은 될 수 없다.

사실 성공한 모든 영업자는 자신의 수당에 크게 신경을 쓰지 않는다. 자기 일을 잘하는 사람, 아주 잘하는 사람은 자신의 성공을 수당의 뒷자리 0의 숫자로 재지 않는다. 미하엘 슈마허에게 중요한 것은 7개의 세계챔피언 타이틀, 91번의 승리, 154번이나 오른 수상대, 268번의 스타트 중 68번이나 되는 폴 포지션, 5108번의 선두 자리, 1441번의 세계 기록이었다. 그중에서도 최고는 7개의 세계 챔피언 타이틀이었다. 그가 번 6억 유로가 아니었다. 나는 확신한다. 그가 돈을 먼저 생각했다면 타이틀도 돈도 얻지 못했을 것이라고.

⋮ 거짓은 거짓이다

한 번 더 강조하지만 최고 영업자는 수당에 연연하지 않는다. 당연히 그 수당으로 생계를 유지하겠지만 그렇다 해도 수당이 영업의 포커스가 되어서는 안 된다. 최고 영업자는 이런 모순을 잘 알고 있고 그 모순과 더불어 살아간다. 거의 선불교도와 같다. 한 손으로 치는 박수 소리를 들어라! 돈을 생각하지 말고 영업하라!

그렇지 않으면 쉽게 그릇된 길로 빠질 수 있다. 영업 초보 시절의 이야기를 하나 더 들려주겠다. 그 시절 나는 부지런하고 똑똑했다. 그리고 무엇보다 고객과의 만남을 두려워하지 않았다. 하지만 같은 눈높이에서 고객을 대하지 못했다. 고객 앞에서 너무 나를 낮추었다. 겉으로는 자의식이 넘쳤지만 그건 겉모습이었을 뿐이다. 훈련으로 익힌 것에 불과했다. 마음 깊은 곳에서 우러나온 태도가 아니었다. 심지어 당시 나는 전화 통화를 극도로 무서워했다.

물론 지금이야 전화 목소리만 들어도 상대를 훤히 꿰뚫어볼 수 있는 경지에 올랐다. 하지만 아직 머리에 피도 안 마른 19세의 영업자가 무슨 배짱이 있었겠는가. 혹시 말실수라고 해서 주문을 못 따내면 어떻게 하나 무서워 벌벌 떨었다. 그리고 영업이라는 직업은 돈이 제일 중요하다고 생각했다. 나의 첫 일터, 복사기 회사에 면접을 보러 갔을 때 인사부장은 내게 이름을 가린 두 개의 월급 명세서를 보여주었다. 제일 실적이 좋은 영업 사원과 제일 실적이 나쁜 영업 사원의 월급 명세서였다. 그런데 제일 실적이 나쁜 영업 사원의 월급조차 도제 시절 내가 받았던 월급의 세 배나 된다는 사실을 발견했을 때, 과연 내 심정이 어땠을 것 같은가.

나의 모든 관심은 돈으로 쏠렸다. 얼마나 돈에 눈이 멀었던지 평생 처음이자 마지막으로 양심에 찔리는 거래를 체결하였을 정도였다. 그 회사의 나이 많은 영업 사원 한 사람이 변호사 사무실에 복사기를 몇 대 팔도록 나를 도와주면서 낡은 모델을 성능 좋은 제품이라고 속이고 팔라고 나를 꼬드겼던 것이다. 양심에 거리꼈지만 햇병아리 주제에 하늘 같으신 선배의 말씀을 거역할 수가 있겠는가? 당연히 나는 그렇게 했다.

결국 오고야 말 것이 왔다. 사용 기한이 5년이라던 복사기는 2년도 안 되어 고장을 일으키기 시작했다. 고장 난 복사기 때문에 출장을 갈 때마다 나는 기분이 좋지 않았고 마음속으로 이렇게 빌었다. '제발 잘 돌아가라.' 하지만 일은 터지고야 말았다. 복사기가 완전히 사망하신 것이다. 영업자의 속임수는 발각당했다. 주문은 날아가고, 고객도 잃었다.

당시 나는 맹세했다. 앞으로는 두 번 다시 양심에 어긋나는 짓을 하지 않겠다고, 고객을 속이는 짓은 절대 하지 않겠다고. 굳이 종교까지 들먹일 이유도 없다. 모든 문화와 종교가 한목소리일 것이다. 거짓은 거짓이다.

옛날이 좋았다고, 고객들은 일편단심이었고 초목은 더 푸르렀으며 아이스크림은 더 달았다고 생각되어도 과거는 지나갔다. 과거는 교훈을 얻기 위해 존재하는 것이다. 떠나지 못하고 연연해서는 안 된다. 과거는 어두운 밤의 가로등과 같다. 집으로 가는 길을 밝혀준다. 그 가로등을 붙들고 늘어지는 사람은 술에 취해 비틀대는 고주망태들뿐이다.

계약서를 꺼내야 하는 가장 적절한 시점

포커스를 맞춘다는 것은 모든 영업자가 자신의 강점을 발휘하도록 영업해야 한다는 뜻이기도 하다. 훌륭한 영업자가 되는 방법이 한 가지뿐인 것은 아니다. 림벡 스타일만이 성공을 보장한다는 말이 아닌 것이다. 당신이 나와 내 책을 통해 무언가 얻어내고 싶다면 일단은 내 주장을 스펀지처럼 빨아들여야 하겠지만 그러고 나서는 자신만의 스타일을 만들어가야 한다. 나는 당신에게 생각할 계기를 만들어주고 싶은 것이지 맹목적으로 나를 추종하라고 설득하려는 것이 아니다.

그러니까 강점이 중요한데, 앞서 말했듯 영업자도 두 가지 기본 유형으로 나눌 수 있다. 사냥꾼과 채집꾼이다. 새로운 고객과 만나 상담을 하는 것이 무지 즐겁다면 그 사람은 타고난 '사냥꾼'이다. 계속 이 사람, 저 사람 바꾸어가며 약속 날짜를 잡아도 지치지 않고 열정적으로 약속 장소로 달려간다. 반대로 '채집꾼'에겐 새로운 고객을 만나는 일이 부담이고 짐스러운 의무이다. 대신 채집꾼은 기존 고객과의 관계를 오래 유지하며 고객이 행복과 만족을 느껴 꾸준히 구매할 수 있도록 만드는 데 강하다. 행복과 만족을 느끼는 고객이야말로 오래오래 곁에 머무는 단골이 될 테니까.

이렇듯 자신의 강점과 재능이 어느 쪽인지 확실히 파악을 마쳤다면 이제 어떻게 해야 할까? 자신의 재능에 맞는 직장을 선택했다면, 옷도 딱 맞춰 입었고 영업에 필요한 언어 구사력을 갖추었다면, 솔직하고 정직한 마음가짐으로 자신과 고객에 대한 정보를 다 수집하였다면, 아무리 까다로운 고객에게서도 장점을 발견할 수 있을 넓은 마음을 갖게 되었다면, 그리고 고객이 무엇을 가지고 있는지, 무엇을 원하고 무엇을 필요로 하는지 조사를 통해 완전히 파악하였다면 그다음은? 이 모든 것을 파악하고 이해하고 명심하였다면, 이제 나의 목표는 무엇인가?

최대한 훌륭한 조언? 말도 안 되는 소리! 최대한 정확한 제품 설명? 더 말도 안 되는 소리다!! 고객에게 최대한 정확하게 제품 사용 방법을 설명하는 것? 그건 더, 더 말도 안 되는 소리다!!!

처음부터 목표는 단 한 가지이다.

⋮ 계약 체결은 바로 지금 해야 한다!

명심해라. 당신이 지금 뭘 하고 있는지 말해주겠다. 당신은 지금 계약을 체결하는 중이다. 그것도 지금 당장. 우승했다는 기쁨에 젖어 운동장을 한 바퀴 돌 여유 같은 건 애당초 포기해라! 지금은 가방의 지퍼를 열 시점이다. 나중이 아니다. 바로 지금이다. 그것이 당신의 목표이고 그것이 당신의 업무이다. 그것이 행위의 의미이다. 계약이 체결되어야 당신의 회사가 돈을 벌고 그 돈으로 당신 월급을 지급한다. 돈은 성공이다. 그러니까 결과, 2차적 결과이다. 1차는 계약 체결이다.

당신은 그곳을 향해 나아가야 한다. 첫걸음을 떼는 그 순간부터. 첫걸음은 당신이 고객을 찾아냈을 시점에 이미 시작되었다. 그다음으로 당신은 이런저런 정보를 수집하였을 것이고 고객과의 상담을 앞두고 자신의 어깨를 두드리며 스스로에게 용기를 불어넣었을 것이다. 그리고 이제 마침내 계약 체결의 순간이 찾아왔다. 마침내 골인 지점에 도착한 것이다. 그러니 절대 이 순간을 놓쳐서는 안 된다. 계약이 체결되어야 비로소 당신은 영업을 한 것이다.

영업자가 다 된 밥에 코를 빠뜨린 이야기들을 수없이 들었어도 예전에는 믿지 못했다. 그런 이야기는 그냥 웃자고 지어낸 에피소드나 모험담, 뻥쟁이들의 허풍이라고만 생각했다. 아하, 내 말을 오해하지 마라. 알람이 울리지 않는 바람에 약속 시간에 늦은 영업자의 이야기가 아니다. 먼지 풀풀 날리는 제품을 들고 나갔다가 딱지맞은 영업자의 이야기도 아니다. 그게 아니다. 고객은 이미 구매를 결정했는데 그 사실을 알아차리지 못하고 자기 할 말만 하다가 타이밍을 놓친 영업자의 이야기다.

말도 안 된다고? 그렇지 않다. 진짜로 그런 영업자들이 있다. 그것도 드물지 않다. 내 눈으로 직접 보았고 내 귀로 직접 들었다.

이동통신 부문이 이제 막 기지개를 켜던 시절이었다. 그때만 해도 그 부문의 영업자들은 전부 사냥꾼들이었다. 최대한 빨리 최대한 많은 휴대전화를 판매하여 시장을 선점하는 것이 목표였기 때문이다. 영업자들도 실적을 한 건이라도 더 올려 조금이라도 수당을 더 받으려 애쓰던 시절이었다. 당연히 내게도 그 분야의 고객들이 적지 않았고, 그날도 나는 이동통신 부문의 영업 사냥꾼들을 모아놓고 트레이닝을 하던 중이었다. 그런데 트레이닝을 부탁한 회사 측에서 오후 세미나를 현장 영업 훈련으로 해달라는 의뢰를 하였다. 내가 영업 사원과 함께 직접 현장으로 나가 그들이 진짜 고객을 상대로 영업을 하는 광경을 옆에서 지켜보면서 문제점을 지적하고 개선 방향을 지시해 달라는 것이었다.

그리하여 나는 한 스칸디나비아 선박 회사의 사무실에 앉아 있었고 시간이 갈수록 점점 초초해지는 마음을 감추기 힘들었다. 고객은 이미 열 대의 휴대전화를 사겠다고 말했고 자기 부서에 어떤 모델이 좋을지 고심하고 있었다. 그런데도 영업자는 계약서에 전혀 관심을 보이지 않았다. 이미 두 번이나 설명한 신형 휴대전화의 월등히 우수한 주파수 대역을 또 다시 자랑하느라 여념이 없었다. 그러고는 다시 고객이 선택한 휴대전화 버튼의 색상이 눈의 피로를 덜어준다는 둥, 엄청나게 많은 전화번호를 저장할 수 있다는 둥 주절거리고 있었다.

도저히 더 이상은 참을 수가 없었다. 고객은 이미 열 건의 계약을 승인했다. 자신이 원하는 제품이 무엇인지도 잘 알고 있었다. 그런데도 나의 '동료'는 여전히 문자 작성법을 설명하느라 침을 튀기고 있었다. 초조함이 극에 달한 나는 어떻게 해야 하나 고민하고 있었다.

하지만 사태는 더욱 악화되었다. 고객이 최후의 질문을 던졌기 때문이었다. "그럼 이제 제가 뭘 하면 되나요?"

나의 영업자는 여전히 상황 파악을 못하고 있었다. 여전히 계약서를 꺼내지 않았다. 고객은 익을 대로 무르익어 심지어 자기편에서 계약을 구걸하는 판인데, 정작 눈치라고는 없는 이 '둔탱이' 영업자는 고객이 다시 "그러니까 이제 뭘 해요?"라고 묻자 눈을 끔뻑거리며 날 쳐다보기만 했다.

이 정도면 교수형 감이었다. 내가 끼어들어 상황을 해결하는 수밖에 다른 도리가 없었다. "자, 그럼 이제 계약서를 꺼내시고……."

믿어지는가? '어쩌다 무능한 영업자가 걸렸겠지.' 당신은 이렇게 생각할지 모르겠다. 트레이너들끼리 단골 술집에 모였을 때 안줏감으로 질겅질겅 씹어 먹을 만한 에피소드라고 말이다. 안타깝게도 그렇지 않다. 그 후로도 나는 주기적으로 그런 영업자들을 만났다. 그리고 20년이 넘는 세월 동안 영업자들을 가르쳐온 지금, 성공적으로 계약 체결에 이르는 영업보다 그런 식으로 안타깝게 놓친 영업이 더 많다는 확신에 도달하였다. 계약을 체결하기 힘든 잘못된 시점이란 존재하지 않는다. 올바른 시점은 항상 똑같은 시점이다. 그 시점이란 바로 **항상, 언제나**이다. 지금 당장 모든 것을 꺼내 탁자 위로 올려놓아라. 기회가 달아나기 전에.

⦂ 모든 대화는 영업이다

당신은 이제 이렇게 항변할 것이다. 살다 보면 그렇게 뜻대로 되지 않는 상황이 아주 많다고. 나는 감히 당신에게 말한다. 그런 상황은 존재하지 않는다.

또 다른 사건이 하나 더 있다. 이번에는 유선전화 회사의 고객 상담실이었다. 역시나 현장에서 고객을 상담하는 영업자들을 직접 지켜보며 문제점을 지적하는 시간이었다. 우리 앞에는 함부르크 광고기획사의 사장이 앉아 있었다. 몸집이 거구인 사내였다. 등장하자마자 곧바로 공간 전체를 압도해버리는 그런 유형 말이다. 그는 상담실 영업 사원을 보자마자 곧바로 두 개의 전화 요금 고지서를 내밀었다. 하나는 집 전화였고 다른 하나는 회사 전화였다. 그러고는 다짜고짜 전화 요금이 잘못된 것 같다고 항의했다. 자신과 아내, 딸만 사용하는 집 전화 요금이 사원 20명이 같이 쓰는 회사의 전화 요금과 거의 비슷하게 나왔다는 것이었다. 이건 분명 전화회사 측의 잘못이라고 주장하던 그는 화가 많이 나 있었다.

그러니까 그 당시 우리는 고객의 항의를 받은 것이었다. 당연히 고지서를 꼼꼼히 살펴보았다. 정확했다. 기술적인 오류도 아니었고 불명확한 부분도 없었다. 모든 통화료가 실제 통화에 부과된 요금이었다.

그런 경우 당신은 강물에 뜬 나뭇조각처럼 강물의 흐름에 유의해야 한다. 엄청난 통화 요금의 이유가 될 수 있는 온갖 시나리오 중에서 특히 몇 가지가 입에 올리기 껄끄러운 내용일 수도 있기 때문이다. 불륜, 섹스 핫라인, 게임 중독과 같은 내용 말이다. 그래서 문제의 원인을 확인하기 위한 영업자의 질문도 외줄타기처럼 조심스럽기 그지없다.

하지만 그날 범인은 금방 밝혀졌다. 또 다행히 그렇게 드라마틱한 상황도 아니었다. 딸의 남자친구가 석 달 전에 뮌헨대학교에 입학을 한 것이었다. 그래서 딸이 매일 저녁마다 몇 시간씩 집 전화를 이용해 남자친구의 휴대전화로 전화를 걸었던 것이다.

보통 영업자 같으면 이 지점에서 안도의 한숨을 내쉬고 고객을 보내드렸을 것이다. '컴플레인이 무사히 끝났구나. 줄에서 내려와도 되겠어. 이제 그만 퇴근해야지!' 하면서 말이다.

하지만 잠깐! 너무 서둘지 마라. 앞에서도 누차 말했지만 계약 체결의 올바른 시점은 **언제나**이다. 그러니까 바로 **지금**이다. 항의하러 온 고객을 붙잡고 영업을 하라고? 맞았다. 항의하러 온 고객에게도 영업을 해야 한다. 그는 벌써 한 번 거절을 했기 때문이다.

그 고객은 대화를 시작할 무렵 지나가는 말로 새 휴대전화가 필요하다는 소리를 했다. 바로 그 지점을 물고 늘어져야 한다. 포커스는 계약 체결! 과도한 전화 요금의 이유가 밝혀져 분위기가 부드러워진 바로 지금이 계약 체결의 기회다. 10분 후 우리는 그에게 휴대전화 한 대를 팔았다.

그리고 그가 아내에게도 새 모델들을 한번 보여주고 싶다고 카탈로그를 요구하였을 때, 이 뒷공간 패스 역시 놓칠 수 없는 기회였다. 포커스는 계약 체결! "이번 기회에 사모님께 깜짝 선물로 점수를 좀 따시는 것도 좋으실 텐데요. 제가 여성들이 좋아하는 모델로 몇 가지 보여드리겠습니다."

다시 10분 후 우리는 두 번째 휴대전화를 팔았다. 훌륭한 영업자라면 고객의 항의를 계약 체결로 급전환시킨 자신의 능력에 기뻐하며 흡족한 마음으로 자리에서 일어나 집으로 돌아갔을 것이다.

그러나 나는 그 자리에 앉아 있었다. 왜? 그는 아직 다 사지 않았으니까.

뭘 사지 않았단 말인가? 당신은 알겠는가? 그렇다. 바로 그것이다. 딸! 딸도 휴대전화가 필요하다. 집전화로 남자친구의 휴대전화와 통화를 하면 요금이 많이 나온다. 딸도 휴대전화를 장만하여 같은 통신 사끼리 할인을 받는다면 훨씬 요금을 줄일 수 있다. 포커스는 계약 체결! 다시 10분 후 그는 세 번째 휴대전화를 구입했고 다시 한번 계약서에 사인을 했다.

모든 대화는 영업 상담이다. 당신의 사업 파트너가 당신과, 그러니까 영업자와 이야기를 할 시간을 낸다면, 그 의미는 바로 그것이 계약 체결의 올바른 시점이라는 뜻이다. 계약서를 꺼내라! 포커스만 맞춘다면 원칙적으로 성공하지 못할 상황이란 없다.

이미 거절한 고객을 다루는 법

'포커스'에는 또 한 가지가 있다. 영업 상담이 진행되는 그 시간, 그 날짜에 맞춰진 것이 아니라 장기기억 속에서 꾸준히 진행되는 포커스이다. 한마디로, 당신한테서 아직 한 번도 물건을 사주지 않은 고객도 절대 포기해서는 안 된다는 소리다.

확실한 이유가 있어서 당신이 스스로 포기한 고객이라면, 예를 들어 당신의 양심이 이건 아니라고 소리치는 고객이라면 편안한 마음으로 관심을 딴 고객 쪽으로 돌려도 좋다. 하지만 고객이 승낙을 하지 않았다는 것이 곧 사냥을 포기할 이유가 되지는 못한다. 지금껏 한 번도 계약을 성사시키지 못한 고객, 이미 거절을 한 고객, 두 번, 다섯 번, 백 번 거절을 한 고객도 영원히 기억에 담아두어야 한다. 마침내 승낙을 할 때까지 조니 캐쉬의 기억에 남아 있던 준 카터처럼.

그럴 수 있다. 내 말을 믿어라. 트레이너 초보 시절 '경제교육 연구소'에서 파트너로 일한 적이 있었다. 다른 업계가 그렇듯 거기서도 영업의 현장으로 신참들을 내보냈다. 처음부터 눈물이 쏙 빠지게 문전박대를 당해봐야 현실 파악이 될 것이라는 심산이었다. 어차피 회사 입장에서는 손해 볼 것이 없는 전략이었다. 내가 나가서 한 건도 못 올리고 돌아오더라도 회사는 예전과 달라지는 것이 없고, 나는 어쨌든 뭔가 배우는 것이 있을 것이다. 반대로 내가 만인의 기대를 어기고 계약을 한 건 따서 가져 온다면, 그 과정을 통해 많은 것을 배우는 나도 좋고 더불어 회사도 좋을 것이다.

"복사기 회사로 가서 자네 행운을 한번 시험해봐. 예전에 복사기 회사에서 영업을 했다고 했지? 거기는 한 번도 우리한테 일거리를 안 줬거든. 이번에 자네가 한번 성공해봐."

이렇게 회사에서 권유한 덕에 나는 첫 영업 상담을 업계 최고의 복사기 제조업체에서 진행하게 되었다. 하지만 그곳 지점장은 처음부터 시큰둥한 반응을 보였다. "림벡 씨, 그 회사는 한 번도 좋은 인상을 준 적이 없었어요. 한번은 우리 회사에 전화를 걸어 전화 영업 트레이닝 상품을 팔려고 했었죠. 그런데 우리랑 전화를 했던 그 사람이 어찌나 성의가 없고 프로답지 못하던지……. 그런 사람들한테 뭘 믿고 트레이닝을 맡기겠어요. 전화 마케팅을 가르치겠다는 사람이 정작 자기는 전화 영업을 그렇게 못해도 되는 건지."

헉! 어찌나 맞는 말씀인지 말문이 턱 막혔다.

오케이, 이쯤에서 우아하게 작별 인사를 고하고 회사로 돌아가 사장한테 그날 전화를 걸었던 그 직원 때문에 되는 일이 없었다고 핑계를 늘어놓으면 되겠다. 어차피 여긴 사방을 둘러봐도 모조리 불에 타버린 잿더미였으니 말이다.

⋮ 언젠가는 그 순간이 올 것이다

정말? 정말 몽땅 다 타버렸을까? 아직 전부 다 타버리지는 않았다. 잿더미 밑에서 생명이 꿈틀거렸다. 과거에 부주의로 놓친 기회를 기리는 마음에서 잠시 묵념을 한 후 나는 크게 숨을 들이쉬었다. 꼼짝도 하지 않고 그 자리에 앉아 있었다. 그런 상황에서도 그 남자가 나를 내쫓지 않은 것은 그저 내가 복사기 회사에서 일하던 시절 알았던 사이였기 때문이다. 그것이 나의 으뜸가는 패였다. 그 인연을 물고 늘어져 대화를 이어가겠다는 계획은 그의 저항에도 불구하고 웬만큼 성과를 거두었다.

하지만 나의 기대는 우물에서 숭늉을 찾은 격이었다. 그 후 세 번을 더 찾아갔지만 계약은 성사되지 못했다. 이번에는 예산이 없다는 이유에서였다. 10여 년이 지난 지금 당시의 그 지사장은 다른 복사기 제조회사로 이직을 했다. 하지만 나는 그 긴 세월 동안 그와의 끈을 놓지 않았고 지금까지도 계속 연락을 취하고 있다. 내가 그의 회사로 워낙 정기적으로 꼬박꼬박 전화를 걸다 보니 내가 전화를 걸면 그 회사 사람들이 이런 농담을 건넬 정도였다. "어, 또 림벡 씨네요. 오늘은 어떤 제품인가요?"

그렇게 2005년까지 나는 그와의 인연을 이어갔다. 그 해에 내 책 《뉴 하드셀링》이 나왔고 나는 그 책을 그에게 부쳐주었다. 그러자 뜻밖에도 그가 내게 전화를 걸었다. "림벡 씨, 책이 정말 좋던데요. 우리 저녁이나 한 끼 하지요."

약속한 식당에 들어가니 그는 벌써 식전주 한 잔을 시켜놓고 앉아 있었다. 나의 첫마디는 이랬다. "오늘은 딱 한 가지 조건만 제시하겠습니다. 우리 회사 동료들한테 웃음거리가 되고 싶지 않지만 오늘도 어차피 계약은 안 하실 것이고, 그냥 오늘 저녁이나 사주세요."

물론 그는 그 말에 웃음을 터뜨렸다. 그리고 어떤 일이 일어났는지는 이미 당신도 짐작했을 것이다. 그날 저녁 나는 그와 계약을 체결하였다.

그 고객은 나의 정글에 사는 아주 특이한 호랑이였다. 그리고 나는 야생동물 사냥꾼이었다. 나는 늘 생각했다. 언젠가 그를 잡을 것이라고. 그건 확실했다. 오늘은 아니라 해도, 한 달 안, 1년 안에는 아니라 해도 언젠가는 그 순간이 올 것이라고 믿었다. 나는 그때를 대비해 만반의 준비를 갖추었다.

⋮ 불가능한 꿈을 꾸라

물론 호랑이 비유는 너무 호전적이다. 나는 희귀한 호랑이를 총으로 쏠 생각이 전혀 없다. 호랑이 사냥에도 반대한다. 또 나의 고객들을 야생동물로, 나의 영업 기술을 무기로 생각하는 것도 아니다. 하지만 이 비유는 최고 영업자의 태도를 매우 잘 설명한다. 예를 들어 10년 전만 해도 야생동물 사냥꾼들은 아프리카에서 '5대 사냥감' 중 하나를 잡는 꿈을 꾸었다. 5대 사냥감이란 코끼리, 무소, 물소, 사자, 표범이었다. 훌륭한 영업자도 그렇게 생각한다. 그들에게도 '꿈의 리스트'가 있다. 너무나 크고, 중요하며, 만날 가능성이 희박하기에 그저 꿈꿀 수밖에 없는 고객의 리스트가 있다.

당신이 어떤 부문에서 일하건 상관없다. 그런 꿈의 리스트를 작성하는 순간 당신의 나침반은 이미 방향을 잡는 것이다. 이제 당신은 나침반의 방향을 향해 행진할 것이다. 예를 들어 당신의 목표가 세계 5대 브랜드일 수도 있다. 현재 세계 5대 브랜드는 구글, 애플, IBM, 마이크로소프트, 코카콜라이다. 혹은 세계 최대 7대 은행을 목표로 삼을 수도 있다. 유럽에서 가장 큰 도시 세 군데의 시행 정부를 타깃으로 삼을 수도 있다. 당신이 어느 분야에 일하느냐에 따라 리스트는 달라진다.

꿈을 꾸어라. 그리고 언젠가는 그 꿈의 고래를 낚을 것이라 믿어라. 한 마리, 또 한 마리. 믿음은 산을 옮긴다고 하지 않던가. 나도 그렇게 믿고 있다.

그 옛날 나는 모든 독일 상장 기업을 고객 명단에 올릴 꿈을 꾸었다. 그 당시 당신이 내게 이베이에서 직원 교육 의뢰가 오면 심정이 어떻겠느냐고 물었다면 나는 분명 이렇게 대답했을 것이다. "꿈 깨시게, 친구." 하지만 나는 남몰래 그런 꿈을 꾸었다. 그리고 불과 10년 후 나는 그 꿈을 이루었다.

최고 영업자의 모토는 이 문장이다. '나는 바란다.' 보통 영업자의 문장은 이렇다. '어떻게 될지 두고 보지.' 나쁜 영업자의 문장은 이렇다. '잘되길 바라야지.' 서둘러 직업을 바꾸지 않으면 굶어죽게 생긴 영업자의 문장은 이렇다. '어차피 안 될 텐데 뭘.'

최근 공개 세미나를 마치고 여느 때처럼 호응도 조사를 위해 설문지를 돌렸다. 세미나가 어땠는지, 어떤 점이 가장 마음에 들었는지 등을 물어보는 설문지이다. 내 앞에 놓인 99장의 설문지에는 대체로 좋은 점수가 적혀 있었다. 딱 한 사람만이 '보통이다'라고 평가했다. 마음에 들었던 점도 '중간 휴식 시간', '림벡 씨의 양복과 에델만 테일러의 간접 광고' 같은 식의 비아냥 섞인 대답이었다. 특이한 타입이라는 생각이 들었다. 나는 영업자이므로 다음날 그에게 전화를 걸었다. 나는 영업자이므로 '보통이다'를 '아주 좋다'로 만들 수 있는 방법을 알아내고 싶었다. 그리고 영업자이므로 그것을 계기로 영업에 돌입하였다.

장애물에 포커스를 맞추지 마라

자, 이제 한번 고민해보자. 고객이 당신을 귀찮게 생각할 시점이 언제쯤일까? 세 번째 전화부터? 매달 전화를 걸면? 일주일에 한 번 전화하면? 매일 전화하면?

고객이 나를 귀찮게 생각할지도 모른다는 두려움. 그게 뭔가? 고객은 당신을 귀찮게 생각한다면 분명히 의사를 밝힐 것이다. "림벡 씨, 벌써 세 번짼데요. 이제 그만하시죠."

그럼 림벡은 이렇게 대답할 것이다. "고객님, 이렇게 칭찬을 해주시니 제가 몸 둘 바를 모르겠습니다. 제가 보여드린 이런 끈기와 노력, 고객님께서 불러만 주신다면 언제든지 이런 끈기와 노력을 한껏 발휘해 보이겠습니다."

나는 집요하지 않아서 열 명의 고객을 놓치기보다는 너무 집요하게 굴어서 한 사람의 고객을 놓치는 쪽을 택하겠다. 사실 따지고 보면 집요하게 굴어서 고객을 잃을 수는 없다. 그 고객을 나의 고객으로 만들지 못하더라도 나의 고객 숫자는 전과 달라지지 않을 테니 말이다. 그러니 끈기 있게 매달리지 않을 하등의 이유가 없다. 당신의 제품이 2

등이라고 생각할 이유도 전혀 없다. 다른 영업자들이 당신보다 더 상담을 잘한다고 생각할 이유 역시 전혀 없다. 당신 회사 자동차가 이 나라를 대표하는 자동차라고 믿지 않을 이유도, 경쟁이 너무 세서 못 버틸 것이라 지레짐작할 이유도 없다.

이 모든 이유는 그저 눈길을 딴 곳으로 돌리기 위한 핑계에 불과하다. 당신은 너무 많은 감성적, 지성적 에너지를 뭐가 안 되는지를 고민하느라 낭비한다. 무엇이 부족한지, 무엇이 잘못되었는지를 고민한다. 어떻게 해야 성공할 수 있을지 그 해결책을 고민해야 할 곳에서 말이다.

⋮ 당신은 왜 집요해져야 하는가

시각을 바꾸어라. 배를 몰아가려거든 물을 보지 말고 섬을 보아야 한다. 장애물에 포커스를 맞추지 마라. 그리고 부담이 되는 것을 다 던져버려라. 핵심 주제가 아닌 것, 당신의 핵심 자질을 가로막는 것은 모조리 버려라. 물론 오랜 경험으로 그렇게 하기가 쉽지 않다는 것을 나도 잘 안다. 하지만 반드시 필요하다. 트레이너의 길로 발을 들여놓았던 초보 시절 나는 손에 집히는 대로 무조건 다 뱃속으로 밀어 넣었다. 할 수 있는 것은 전부 다 하겠다고 큰소리를 쳐댔다. 전화 영업, 갈등 관리, 고객 관리, 서바이벌 전략 전술, 경영 컨설팅……. 조금만 더 시간이 있었더라면 연애 상담에 골프장 잡담 트레이닝까지 하겠다고 나섰을 것이다.

그래서 정말 나의 스케줄 표가 꽉 찼던가? 그랬다. 성공했던가? 뭐, 그 정도면 그렇다고 볼 수도 있겠다. 그보다 더 성공할 수도 있었을까? 당연히 그럴 수 있었다. 다른 사람들은 그랬으니까. 정말로 아주 많이 성공했으니까. 그럼 그 사람들은 나와 무엇이 달랐을까?

포커스가 달랐다. 포지셔닝이 명확했다. 보도 섀퍼는 머니 코치이다. 로타르 자이베르트는 시간 관리의 황제다. 베라 비르켄빌은 두뇌를 활용한 학습의 전문가이다. 에리히 노베르트 데트로이는 가격의 제왕이며 클라우스 핑크는 전화 및 추천 트레이너이며, 에드가 제프리는 클라이언팅 전문가이다.

지금 내 뱃속은 텅 비었다. 지금 나는 누구인가? 나는 그냥 트레이너가 아니라 마르틴 림벡이다. 뉴 하드셀러이다. 그 분야에서는 둘째가라면 서러워할 최고이다. '영업'에 확실하게 포커스를 맞춘 하드셀러. 그것이 내가 원하는 분야이며, 또한 내가 잘할 수 있는 분야이기 때문이다.

6

정조준
: 고객의 관심사를 알아채는 법

상담을 완벽하게 풀어가는 것이 영업자의 임무가 아니다. 진짜 훌륭한 영업자의 진짜 목표, 의미 있는 목표, 꾸준한 목표란 고객이 진정으로 원하는 것을 알아차리는 것이다.

그런데 대부분의 경우 그것은 고객이 직접 부탁한 내용과 일치하지 않는다. 그렇게 간단한 문제가 아니다. 그의 의뢰서에 적혀 있지 않고 그의 로고에 박혀 있지 않으며, 그의 웹사이트에 포스팅이 되어 있지 않고 그의 이마에 문신으로 새겨 있지 않다. 하지만 당신이 정말로 훌륭한 영업자라면 그럼에도 불구하고 찾아낼 것이다.

고객의 진짜 마음을 읽어야 한다

휴식시간이었다. 세미나실 문 곁에 서 있던 내게로 한 여성이 다가왔다. 오늘 나의 골대로 무려 네 골을 집어넣은 대단한 인물이다. 오늘 아침 트레이닝을 했던 그녀의 직원들이 묻지도 않았는데 무려 네 번씩이나 그녀를 무슨 성녀처럼 칭찬했던 것이다. 그녀는 이 회사의 절대 여왕벌이었다. 나라에서 주는 훈장까지 받은 여성이고, 50이 넘은 나이에도 여전히 몸소 고객을 찾아다니고 초등학생처럼 배움의 열의에 불타는 여성이었으며, 혼신을 다해 회사에 헌신하는 열혈 기업인이었다.

한마디로 모범 인물이었다. 그런 사람들한텐 누구나 배울 점이 있는 법이다. 나도 그날 그녀에게 크게 한 수 배웠다. 내 곁으로 다가온 그녀가 소리 죽여 말했다. "림벡 씨, 제 부탁 하나만 들어주시겠어요?"

그녀의 말이 떨어지는 순간 이미 나의 승낙도 떨어졌다. 나는 그녀가 무슨 부탁을 하든지 들어줄 생각이었으니 말이다.

"우리 영업 사원들에게 옷에 대해 한 말씀 해주시겠어요?" 그것이 그녀의 부탁이었다. 그리고 그녀는 이렇게 덧붙였다. "항상 잘하시잖아요."

　그녀는 "나는 그렇게 잘 못해요"라고 말하지 않았다. 대신 "항상 잘 하시잖아요"라고 말했다. 당연히 그 말은 자기 직원들이 싸구려 염색을 하고 온몸에 피어싱을 하고 요란한 화장에 보기 흉한 문신을 하고, 뮤직비디오에 나오는 것 같은 옷차림으로 고객을 방문하지 않았으면 좋겠다는 뜻이었다. 회사를 대표하는 사람은 스타일과 품위를 갖추어야 한다. 뭔가를 타인의 돈과 교환하고자 하는 사람은 적어도 그 돈에 합당한 차림새를 갖추어야 한다. 그녀의 그런 생각은 전적으로 옳았다. 또한 직원들에게 직접 말하지 않은 그녀의 태도 역시 옳았다. 제삼자인 나를 통해 언급하는 것이 훨씬 더 효과가 클 것이기 때문이다.

　어쨌든 그 순간 내 머릿속에서 반짝 불이 켜졌다. 영업에선 고객에게 필요할 것이라고 당신이 생각하는 것은 중요하지 않다. 고객이 필요하다고 직접 말한 것도 중요하지 않다. 어쨌든 그녀는 나를 영업 트레이너로 구매했고 직원들에게 다양한 영업의 기법을 가르쳐달라고 의뢰하였다. 그것이 공식적인 프로그램이었다.

　나는 생각했다. '정신 차려. 네 고객이 **진정으로** 원하는 것이 무엇인지 영업자로서 밝혀내는 것이 중요해. 전면에 내세운 희망 뒤에 숨은 진짜 속내를 알아내야 해.' 나는 '진정으로'라는 말을 좋아하지 않는다. '진정으로'라는 말에선 왠지 아첨꾼의 냄새가 나기 때문이다. 하지만 이 경우는 '진정으로'라는 말이 딱 맞았다. 그녀가 **진정으로** 바라는 것, 그것은 자기 회사 영업 사원들의 스타일을 한 단계 높여주는 것이었다. 스킬이 아니라 스타일을.

그러니까 세미나실을 나서는 참가자들이 질문의 기술은 한 단계 높아졌으되 여전히 똑같은 차림새로 돌아다닌다면 나의 고객은 만족하지 못할 것이다. 그 말을 하고 싶어 일부러 세미나실까지 내려와서 나를 붙들고 소리 낮추어 속삭였던 것이다. 바로 그것을 위해 그녀는 나를 구매한 것이었다. 그러니 그것이 내가 할 일이었다.

⋮ 편견에 사로잡히지 마라

늘 그랬다. 그것이 내 일이다. 그것이 당신의 일이다. 모든 영업자의 일이다. 고객이 해결할 수 없거나 해결하고 싶지 않은 것을 해결하는 것. 그러니까 우리에겐 영업자의 목표(자동차, 집, 보트)가 아니라 고객의 목표가 중요하다. 상담을 완벽하게 풀어가는 것이 영업자의 임무가 아니다. 진짜 훌륭한 영업자의 진짜 목표, 의미 있는 목표, 꾸준한 목표란 고객이 진정으로 원하는 것을 알아차리는 것이다.

그런데 대부분의 경우 그것은 고객이 직접 부탁한 내용과 일치하지 않는다. 그렇게 간단한 문제가 아니다. 그의 의뢰서에 적혀 있지 않고 그의 로고에 박혀 있지 않으며, 그의 웹사이트에 포스팅이 되어 있지 않고 그의 이마에 문신으로 새겨 있지 않다. 하지만 당신이 정말로 훌륭한 영업자라면 그럼에도 불구하고 찾아낼 것이다.

그것을 찾아내려면 아주 특정한 통로를 열어야 한다. 거래 후 고객의 상황이 예전보다 좋아지기를 바란다면, 고객이 최선의 결과를 끌어내도록 도와주고 싶다면, 고객이 당신을 통해 희망과 꿈, 소망과 믿음, 사랑과 자신의 가치관, 자신의 관심에 한 걸음 더 다가가도록 이 끌어주고 싶다면…… 이런 자세를 갖추었다면 당신은 고객이 당신에게 진정으로 바라는 것이 무엇인지 밝혀낼 수 있을 것이다. 그리고 당신의 직업이 무엇인지 알게 될 것이다.

오오오! 방금 전 이 문장을 읽은 많은 독자들이 '픽' 웃으며 고개를 절레절레 흔드는 광경이 눈에 선하다. 변덕이 죽 끓듯 하고 저도 제 마음을 모르는 고객들이 어디 한둘인가. 맞다. 당신의 생각이 맞다. 그 여왕벌은 예외였다. 자신이 원하는 것을 정확히 알고 당신이 알아듣도록 말할 수 있는 사람은 흔치 않다. 상위 1%에 불과할 것이다. 당신이 상대해야 하는 나머지 대부분의 사람들은 그렇게 할 줄 모른다. 그럴 능력이 없다. 당신에게 이보다 더 좋은 핑곗거리가 없을 것이다. 그렇지 않은가? 고객이 자기가 뭘 원하는지 정확히 알고 정확히 말해줄 수 있다면 당신도 아주 기가 막힌 영업자가 될 수 있을 텐데 말이다. 내 말이 맞지 않은가?

틀렸다. 고객이 무엇을 원하는지 알아내는 것은 **당신**이 할 일이다. 그러자면 고객보다 더 많은 것을 알아야 한다. 전문가는 고객이 아니라 당신이기 때문이다. 다만 당신의 마음에 쌓인 먼지를 털어내야 한다. 선입견과 편견이라는 먼지 말이다. 그렇지 않으면 아래의 자동차 영업 사원과 같은 실수를 저지를 수 있을 테니 말이다.

내가 아직 지금보다는 조금 더 젊었을 적 이야기다. 아들이 세상에 태어났고 얼마 안 있으면 자동차 리스 만기가 다가왔다. 나는 나름대로 계획을 세웠다.

그래서 그 도시에서 제일 큰 메르세데스 영업점으로 달려갔다. 안으로 들어가던 순간 나의 차림새는 영락없는 한여름 토요일 정오의 젊은 아빠였다. 편안한 샌들에 찢어진 청바지와 티셔츠, 밀고 들어간 유모차 옆에선 잡종 개 기즈모가 터덜터덜 걷고 있었다.

반팔 와이셔츠에 넥타이를 맨 영업 사원은 내가 예상했던 바로 그 차림새였다. 하지만 앉아 있던 의자에서 엉덩이조차 달싹이지 않았다. 내 겉모습이 그가 노리는 사냥감과는 너무 거리가 멀었던 것이다. 내가 메르세데스를 살 정도로 돈이 있어 보이지 않나? 너무 젊어 보이나? 너무 격식 없이 차려 입었나? 너무 젊은 아빠인가? 어쩌면 그의 하루가 너무 고단했던 탓에 퇴근 시간만 손꼽아 기다리고 있었는지도 모른다. 영업시간이 종료되기 30분 전이었던 것이다.

어쨌든 나는 그에게 C클래스 콤비와 벤츠 SL에 관심이 있다고 말했다. 그의 눈에 의문부호가 찍혔다. 뭐? 콤비하고 또 스포츠카라고? 이게 무슨 소리야? 나는 그가 무슨 생각을 하고 있을지 짐작했다. '아이고, 사지도 않을 놈이 허세는.' 그는 아마 이렇게 생각했을 것이다. 스포츠카가 타고 싶어 안달인 저런 젊은 놈이 거기다 또 C클래스 콤비까지 사겠다고? 칫, 토요일 오후에 애 데리고 갈 데는 없고 괜히 한번 와봤구만……

편견은 순식간에 그의 머리에 둥지를 틀었다. 어쨌거나 누가 봐도 그는 날 진짜 고객으로 생각하지 않았다. 스포츠카는 아예 보여줄 생각도 안 했다. "저기 입구에 카탈로그가 있어요."

그러더니 마지못해 일어나 제품 포트폴리오가 보관된 서랍의 아래 칸을 열어 C클래스에 대한 설명을 시작했다. 하지만 나는 스포츠카에 대해 궁금한 것이 더 많았다. 스포츠카는 옵션이 너무 다양해서 그 차이를 정확히 알고 싶었던 것이다. 내가 질문을 던지자 그는 이렇게 대답했다.

"카탈로그에 다 나와 있습니다."

그랬다. 그래서 나는 대답했다. "그쪽 덕분에 내 평생 처음으로 카탈로그를 보게 되겠군요."

그가 처음으로 나를 쳐다보았다.

"원래는 두 대를 사려고 했거든요." 나는 분명히 말했다. 두 대!

그러고는 유모차를 밀고 밖으로 나와 나의 BMW 7 시리즈에게로 걸어갔다. 아스트라가 아니라 BMW를 향해. 천천히 상황 파악이 되었던 모양이다. 자기가 큰 잘못을 저질렀다는 생각이 들었는지 그가 책상 앞으로 뛰쳐나와 내 뒤를 쫓아오며 뭐라고 계속 중얼거렸다. 하지만 난 이미 관심이 없었다. 이 메르세데스 영업자는 공정한 기회를 얻었지만 그 기회를 활용하지 못했다. 나아가 그의 태도를 통해 내게 감정적으로 그의 회사에 대한 부정적 이미지를 심어주었다. 글쎄, 앞으로 예의 바르고 끈질긴 뉴 하드셀러가 새롭게 등장하여 메르세데스에 대한 나의 이미지를 바꾸어줄 수 있을지는 두고 볼 일이다.

그 영업자가 관심의 채널을 한 뼘이라도 열었더라면 아마 나의 리스 기한이 끝났고 내가 한 대가 아닌 두 대의 자동차를, 가족과 개를 태우고 다닐 승합차와 자동차 애호가로서 즐길 스포츠카를 동시에 한꺼번에 사려고 했었다는 사실을 알아낼 수 있었을 것이다. 내가 BMW에 충성하지 않을 것이라는 사실을, 이제는 리스를 하지 않고 구매를 할 생각이라는 사실을, 내가 지불 능력이 있는 고객이라는 사실을, 서비스 센터를 여러 군데 다니고 싶지 않기에 집안 자동차는 같은 브랜드로 사고 싶어 한다는 사실을 금방 알아낼 수 있었을 것이다.

그런데 그는 편견에 사로잡혀 고객의 마음을 읽지 못했다. 제 마음대로 생각하고 판단했다. 당신은 절대 그러지 말길!

무조건 고객의 비위를 맞춰야 하나?

최고 영업자란 어떤 사람인지, 나는 집을 리모델링하면서 몸소 경험한 바 있다. 당시만 해도 나는 아직 아내도 나만의 스타일도 없었다. 그러니까 나 혼자 살 집을 내 마음대로 꾸미면 되는 시절이었다. 그 말은 곧 내가 그동안 꿈꾸어왔던 대로 집을 개조하였다는 뜻이다. 나는 집에 방이 하나만 있으면 된다고 생각했다. 그래서 벽을 다 쳐내고 부엌 벽까지 없애버렸다. 문제는 부엌이었다. 부엌을 어떻게 꾸미지? 몇 주 동안 머리를 싸매며 온갖 가능성을 타진했다. 그러다 어느 순간 내가 원하는 부엌을 찾아냈다. 눈처럼 하얀 고광택 부엌, 회색 콘크리트 조리대, 정말 그럴듯한 부엌이었다. 이제 남은 문제는 누구에게 시공을 맡기느냐 하는 것이었다.

어느 날 집들이를 하는 친구 집에 갔는데, 그 집 부엌이 마음에 쏙들었다. 친구는 부엌 인테리어를 맡겼던 기술자를 소개해주었다. 이름은 토비였다. 만나보니 뜻밖에도 로드 스튜어트 헤어스타일에 귀걸이를 하고, 하와이언 셔츠 차림에 건들거리는 젊은이였다. 부엌 인테리어를 하는 사람이라기보다 전자 기타를 팔 것처럼 보였다. 하긴 당시엔 나도 메르세데스를 두 대나 살 사람처럼 보이지는 않았으니 할 말은 없었다.

나는 토비에게 고광택 화이트 부엌을 갖고 싶다고 말했다. 토비는 우리 집에 들러 치수도 재고 집 전체 분위기도 보고 나머지 인테리어도 살펴보고 싶다고 말했다. 집을 다 둘러본다고? 왜? 침대도 팔고 싶어서? 하긴 그럼 또 어떠랴. 토비는 우리 집으로 와서 치수를 재고 집 안을 샅샅이 탐색하였다. 별 말이 없었다. 그래도 유머가 넘치는 사람이라 그와 같이 있는 시간이 즐거웠다. 사흘 후 그가 내게 전화를 걸었다. "며칠 생각을 해봤는데요. 원래 부엌은 잊어버리시죠. 고광택 화이트 부엌은 없던 걸로 합시다. 아무래도 안 되겠어요. 저희 가게에 한번 들르세요. 진열된 상품 중에 딱 맞는 게 있거든요."

나는 살짝 당황스러웠다. 이런 건방진 놈이 있나! 내가 원하는 것을 분명히 말했는데 이제 와서 딴소리라니. 나는 언짢은 기분으로 그의 가게로 달려갔다. 그리고 진열대에서 새까만 고광택 수납장을 발견했다. 옆면은 18번의 도색을 거친 나무였고 검은색 상판은 화강암이었다. 나는 할 말을 잃었다.

고객에게 추천을 잘하는 비법

토비가 말했다. "제가 본 림벡 씨는 아주 특별한 것을 좋아하시는 분이세요. 남들에게는 없는 것, 나만의 것을 원하시는 분이지요. 그래서 이케아에 가면 누구나 살 수 있는 그런 흔한 가구는 절대 안 사시지요. 주방도 주방처럼 보이지 않는, 멋진 인테리어의 주거 공간처럼 보이는 그런 공간으로 꾸미고 싶은 거고요. 게다가 주방 수납장을 집 안 한가운데에 설치할 거잖아요. 또 그릴도 집어넣어야 하고요. 저녁 마다 라타투이를 만들겠다고 야채를 썰 분은 아니신데요. 그냥 그릴에 스테이크나 구워 드실 분이시지. 제 말이 맞죠?"

'와우, 토비, 대단한데! 정말 점쟁이가 따로 없는걸.' 나는 깜짝 놀랐다. 그가 추천한 부엌도 마음에 쏙 들었다. 그는 나를 완벽하게 이해했다. 나의 생각을 주방의 형태로 바꿀 줄 아는 사람이었다. 한마디로 '능력자'였다. 예전의 나는 BMW 3 시리즈를 튜닝하느라 혈안이 된 풋내기였다. 하지만 당시의 그 자리에 지금은 911이 서 있었다. 예전 같았으면 2부 리그 축구팀과 속도전 게임을 하겠다고 우겼겠지만 지금은 이미 챔피언스 리그 수준이었다. 예전 같았으면 요란한 화장의 B급 영화 배우를 여자 주인공으로 삼았겠지만 지금은 이미 안젤리나 졸리를 캐스팅한 상태였다.

나는 그 자리에서 토비가 추천한 그 주방을 선택했다. 그리고 지금까지도 그 주방에서 요리를 한다. 그것이 영업이다. 화이트 주방을 꿈꾸던 누군가에게 블랙 주방과 함께 행복과 만족을 선사하는 것. 그가 단 한 순간도 후회하지 않게 만들어주는 것. 그것이 영업이다.

오케이, 조금 더 자세히 살펴보자. 왜 그 거래는 영업자와 구매자 모두에게 큰 만족을 안겨주었을까? 원인은 세 가지다. 첫째, 영업자가 자의식을 갖고 영업에 임했다. 둘째, 영업자가 고객의 비위를 맞추지 않았다. 셋째, 영업자가 고객보다 더 분석을 잘했다. 직접 집으로 찾아가 고객에게 중요한 점이 무엇인지 살피고 점검하였기 때문이다.

고객이 중시하는 것이 무엇인지에 관심을 가졌기 때문이다.

그가 가르쳐준 것이 또 하나 있다. 구매자의 입장에서 그에게 또 하나의 교훈을 얻었다. 나중에 이사를 가게 되더라도 나는 그를 그 새 집으로 다시 불러 이렇게 부탁할 것이다. "한번 둘러봐줘요. 이제부터 여기서 살 건데 예전보다 더 못한 집에서 살아서야 되겠어요?

판매를 중단시키는 지름길

사실 따지고 보면 방문 영업에는 큰 장점이 있다. 진공청소기 영업 사원이 고객의 집을 방문한다면, 일단 집 안으로 들어가 고객이 어떤 사람인지 살피고 파악할 수 있는 기회가 막강하다. 진공청소기 말이 나왔으니 망정이지만 진공청소기는 아주 좋은 예이다. 재미 삼아 당신이 지금 청소기를 판다고 한번 상상해보자.

당신은 제품에 대해 모르는 것이 없다. 그리고 당신이 세계 최고의 진공청소기를 판다고 확신한다. 나아가 고객 상담을 통해 당신의 청소기가 절대 강자이며 적지 않은 가격에도 그만한 값어치는 톡톡히 한다는 사실을 입증해보일 수 있다고 확신한다. 이제 당신은 어떤 집의 거실에 서 있다. 그 집 사람들이 당신의 청소기에 무한 관심을 보인다. 그러니 신속하게 정상을 향해 달려갈 수 있는 거의 완벽한 영업 상황이다. 그런데 안타깝게도 가장 중요한 것을 차에 두고 왔으니…… 그것이 바로 고객에 대한 관심이다.

⋮ 고객의 반론에 어떻게 대처할까?

강림절 기간의 토요일 오전이었다. 초인종이 울렸다. 나는 가운을 입고 문을 열었다. 한 신사가 검은 양복을 입고 약간 짧은 듯 보이는 넥타이를 매고 손에 초록색 진공청소기를 들고 있었다.

"안녕하십니까?"

진심으로 나는 항상 그런 진공청소기를 사고 싶었다. 다만 안타깝게도 지금껏 누구도 나를 설득시킬 만큼 영업을 잘하지 못했다. 게다가 이런 정도의 파급 효과를 가진 물건의 구매 결정은 집안 여주인이 하는 법인데, 아내는 지금 샤워 중이었다.

"조금 있다가 다시 오시면 안 될까요?"

그는 그러겠다고 했다. 30분 후 다시 초인종이 울렸다. 괜찮은 사람이군. 그는 안으로 들어와 친절하고 예의 바르게 자기소개를 했다. 출발이 좋았다. 호감도가 급상승했으므로 그의 성공 기회는 상당했다. 진심이다. 그가 잘만 하면 우리는 그의 물건을 살 것이었다.

나는 그가 어떻게 할지 흥미진진한 마음으로 지켜보았다. 그가 무지하게 큰 박스를 여니 그 안에서 멋진 기계가 나왔다. 아니, 박스를 열었다는 표현으로는 부족하다. 마치 위대한 기적을 공개하는 의식 같았다. 모든 동작이 딱딱 맞아떨어졌다. 경건한 침묵이 엄습했고 우리는 감탄의 심정으로 그 영업맨 앞에 앉아 달인의 노련한 손놀림을 지켜보았다.

여기까지는 그야말로 완벽했다. 이제 테스트의 시간이었다. 나는 그를 살짝 찔러보았다. 고객의 반론에는 어떻게 대처할까? "우리 집엔 양탄자가 없어요. 화강암과 목재가 대부분이고 양탄자는 거실에 있는 두 개가 전부인데요."

그는 멋들어지게 첫 번째 암초를 피해갔다. "그건 상관없습니다. 고객님 댁에도 이 제품이 딱입니다. 이건 그냥 진공청소기가 아니거든요." 잠시 쉬고, "이 제품은 어디서나 통하는 보편적 청소시스템입니다." 다시 쉬고, "어떤 바닥에도 사용 가능합니다."

꿀꺽! 이어 본격적인 제품 설명이 시작되었다. 그는 박스를 열더니 그 탐욕의 대상을 우아하고도 꼼꼼한 손길로 조립하였다. 그 손길만 봐도 구매욕이 들끓었다. 마치 누군가 30초 안에 큐브를 완벽하게 맞추는 광경을 보고 있는 기분이었다.

그에 이은 그의 첫 질문은 아주 좋았다. 그는 설교하지 않고 질문을 던졌다. 그는 거실 양탄자를 가리키며 물었다. "언제 청소기를 돌렸습니까?"

탁월한 질문이었다. 내가 제아무리 게을러터진 인간이라도 절대 몇 주 전이라고 고백하지는 않을 것이다. 당신이라면 뭐라고 대답했겠는가? "그저께요." 바로 그거다.

그는 눈썹 하나 까딱하지 않았다. 그러고는 의자를 조심스레 치우고 청소기를 돌리기 시작했다. 몇 초 후 그는 청소기를 끄고 먼지 통을 꺼냈다. 그 안에 뭐가 들었을까? 그렇다. 먼지다. 엄청나게 많은 먼지, 산더미를 이룬 먼지였다.

자, 이제 고객은 어떤 반응을 보일까? 고객은 부끄럽다. 한없이 부끄럽다. 불과 이틀 전에 청소기를 돌렸다고 했는데 저 친절한 영업 사원의 손에 산더미 같은 먼지가 놓여 있다니. 당황한 고객은 얼른 먼지를 치우고 싶어 한다. 하지만 그가 나를 제지한다. "아뇨, 아뇨. 그냥 두세요. 제가 치우겠습니다."

그가 첫 번째 먼지 산을 치우자마자 곧바로 또 한 번의 충격이 우리를 강타하였다. 그는 소매 속에서 또 하나의 에이스 카드를 꺼내들었다. 다른 브러시를 꺼내 청소기에 꽂더니 우리의 소파를 향해 걸어간 것이다. 그 소파는 마이크로 섬유 천으로 씌워놓아서 늘 뜨거운 스파게티 소스조차 달라붙지 않을 것이라 믿어왔다. 그렇게 믿었다. 그런데, 그가 몇 초 동안 청소기를 돌렸을 뿐인데 이게 다 무엇이란 말인가? 그는 인정사정없이 먼지 통을 열어 그 무시무시한 물건을 내게 들이밀었다. 먼지, 엄청나게 많은 먼지, 산더미 같은 먼지. 사실이었다.

난감했던가? 오늘 아침 팬티 차림으로 앉아 있었던 그 소파에 서식 중인 박테리아와 미생물의 이름은 절대 알고 싶지 않았다!

그때까지 영업 사원은 한 치의 오차도 없이 완벽했다. 나의 비판적인 시선으로 보기에도 전혀 실수가 없었다. 자칫하면 내 입에서 물건을 사겠다는 말이 튀어나올 참이었다. 그런데 그의 멋진 제품 설명이 조금 더 듣고 싶어 망설이던 나를 우측 옆에 앉아 있던 아내가 추월해버렸다. "얼마예요?"

"1200유로입니다."

"정말 비싸네요."

그랬다. 이제 결승전을 앞둔 지점이었다. 계약 체결까지 몇 초밖에 남지 않았다. 마지막 장애물이었다. 이 마지막 몇 미터 앞에서 그가 무너지고 말 것인가? 고작 이 흔하디흔한 가격의 허들에 걸려서?

영업자라면 줄줄 꿰고 있을 상큼한 대답들 중 한 개만 꺼내도 될 텐데 말이다. 그러면 아마 한 스무 개 쯤 대답을 준비해두고 있을 것이다. 평범해도 된다. 크게 창의적인 대답일 필요도 없다. 별 부담 없는 이런 수준의 대답이면 족하다. "비싸도 돈값을 하지요. 이 집에는 딱입니다." 아니면 이것도 괜찮다. "맞습니다. 그만큼 비싼 물건입니다." 그게 안 되면 이 정도라도. "비싸지 않습니다. 기능이 얼마나 좋은데요." 그냥 고객의 관심을 존중하기만 하면 됐다. 조그만 더 마음의 문을 열고 고객의 욕망과 소망, 가치관을 살피면 되었다. '이 두 사람은 무엇을 원할까? 이 집에는 뭐가 필요할까?' 이런 것을 생각해보면 되는 상황이었다.

그는 할 수 있었다. 그런데 망쳐버렸다. 그것도 내가 벌린 입을 다물지 못할 정도의 엄청난 속도로.

그는 이렇게 말했다. "비싸요? 돈이 없다면야……."

그가 자동차에 두고 잊고 온 것이 무엇이었을까? 바로 고객에 대한 관심이었다. 그가 우리에게 관심이 있었다면 "정말 비싸네요"라는 말이 '너무 비싸지는 않다'라는 뜻이라는 것을 알아차렸을 것이다. 우리 집의 인테리어와 우리의 차림새, 우리가 입은 옷, 집 앞의 자동차 등등을 눈여겨보았더라면 우리가 그 정도의 진공청소기는 충분히 살 만한 사람들이란 것을 알았을 것이다. 하지만 그는 자신의 영업 상담에만 정신이 팔려서 우리를 파악할 여력이 없었다. 그가 과연 훌륭한 영업자냐고? 우리 집에는 아직까지도 그 초록색 진공청소기가 없다.

⋮ 더 많은 것을 건질 기회

나는 그로부터 6개월 후 필요하지도 않고 갖고 싶지도 않았던 노란 제품을 구매하게 되었다. 돈값도 못하고 디자인도 형편없는 물건을. 무엇인지 알아맞혀봐라. 아마 절대 못 맞힐 것이다.

이렇게 된 일이었다. 1년에 한 번 유럽 최고의 마케팅 전문가들이 모여 '클럽 55' 회의를 연다. 그 당시 회의 장소는 포르투갈이었다. 나는 동료 몇 사람과, 나를 따라 오신 아버지를 모시고 저녁밥을 먹으러 빌라모라의 항구 옆에 있는 한 식당에 들어갔다. 식당은 빈 좌석이 없을 정도로 만원이었다. 막 주문을 하려던 찰나 그런 곳에선 절대 피할 수 없는 행상 하나가 우리 식탁으로 다가왔다. 유럽의 관광지에서 이런 행상들이 파는 물건은 다 거기서 거기다. 배터리로 움직이는 춤추는 플라스틱 인형. 배터리가 들어가 깜빡거리는 선글라스, 마침 월드컵 철이라 부부젤라까지.

행상은 먼저 나에게 말을 걸었다. 나는 안 사겠다고 대답했다. 그런데 그가 내 대답이 독일어인 것을 알고는 즉각 우리 두 사람의 공통점을 찾기 위해 나섰다. "어디서 오셨어요?" 자기도 독일에 살았단다. 아헨에. '이런, 영업 좀 할 줄 아는 행상인걸. 아주 잘하는데.' 이제 그가 본격적으로 미끼를 놓았다. 춤추는 원숭이를 꺼내 동료들에게 보여주었던 것이다. 당연히 우리는 속으로 히죽 웃었다. 포르투갈의 행상이 영업의 전문가들한테 허접한 중국제 장난감을 팔겠다니. 그런데 뜻밖의 상황이 발생했다. 한 동료가 이마를 찌푸리면서 이렇게 말한 것이다. "이거 애들 갖다주면 좋아하겠는데."

영업의 귀재, 우리의 행상은 즉각 그 말을 물고 늘어졌고 고객과의 끈을 찾아냈다.

"애들이 있으세요? 몇 살인데요? 이름이 뭐예요?"

결국 나의 동료는 그 물건을 샀다. 행상은 목표를 이루었다. 물건을 팔았던 것이다. 그는 진짜로 훌륭한 영업자였다. 더 많은 것을 건질 기회를 본 것이다. 아이에게 줄 선물을 산다는 구매동기를 집단 압력의 수단으로 활용하였던 것이다. 그는 그 자리에 앉은 사람들 중에서 아이가 있는 사람이 누구인지 즉각 간파했다. 사실 나는 여전히 사고 싶은 마음이 없었고 그저 상황을 조금 더 지켜보자는 심산이었다. 그런데 아버지가 끼어들었다. "마르틴, 크리스 선물도 아직 안 샀잖니……."

크리스? 최고 영업자는 즉각 그 이름을 낚아챘다. 결국 나도 그에게 두 손 들고 말았다.

그날 우리 모두는 그의 물건을 샀다. 오직 그 행상이 우리가 진정으로 원하는 것에 관심을 보였기 때문이었다. 우리가 조악한 중국제 장난감을 사고 싶었냐고? 당연히 아니다. 집에 돌아가서 아이의 얼굴에 피어오른 웃음을 보고 싶었냐고? 당연히 그랬다.

당신 추측이 맞다. 그 장난감은 반짝이는 등이 달린 노란 플라스틱 안경이었다. 가격은 7유로였다.

7

사전 준비

: 최고의 능력을 발휘할 준비가 되었는가

영업자는 자기 제품에 확신을 가져야 한다. 제품이 좋다고 생각해야 하고 제품을 좋아해야 하며 사랑해야 한다. 그렇다, 심지어 사랑해야 한다. 그래야만 왜 그 제품이 고객에게 이득을 안겨줄지 설득력 있게 주장할 수 있다. 복사기를 팔던 시절 나는 고객에게 좋은 일을 한다는 확신을 늘 품고 다녔다. 내 복사기가 경쟁사 제품보다 더 빠르고 질적으로도 우수하며 더 믿을 수 있는 제품이라고 믿었기 때문이다.

가장 중요한 일곱 가지

당신 앞에 물잔이 하나 놓여 있다. 물이 절반 정도 찼다. 당신은 무슨 생각을 할까? '반이나 남았네'일까, '반밖에 안 남았네'일까? 물론, 당신은 "반이나 남았네"라고 대답할 것이다. 브라보! 항상 긍정적으로 생각해야지……. 그런데 저게 뭐야? 물 잔에 절반 정도 찬 것은 조영제이다. 당신은 지금 병원에서 대장 내시경을 할 참이다. 조영제의 맛이란, 자고로 그걸 마시느니 차라리 뜨거운 여름 날 정원에서 페인트 칠을 하는 게 더 낫다.

편협한 공식은 잊어버려라! 긍정적 사고니 뭐니 하는 그런 공식들 말이다. 중요한 것은 내용이다. 의미와 문맥이다. 새옹지마라는 고사성어가 있다. 옛날에 새옹이라는 노인이 살고 있었는데 하루는 그의 말이 집을 나가더니 며칠 후 다른 말과 함께 집으로 돌아왔다. 그런데 얼마 후 그 집 아들이 말을 타다가 떨어져 그만 다리가 부러졌다. 그 후에는 또 전쟁이 일어났지만 아들은 다리를 못 쓰게 된 덕분에 징집을 피할 수 있었다. 재미있는 것은 노인의 이웃들이 처음에는 이렇게 말했다는 사실이다. "저런, 말이 도망치다니, 재수도 없지." 그다음엔 이렇게 말했다. "세상에, 말이 다른 말을 데려오다니 얼마나 운이 좋아." 그러다 다시 이렇게 말했다. "아들이 다리가 부러졌으니 얼마나 운이 안 좋아." 그러다 다시 이렇게 말했다. "아들이 전쟁터에 안 끌려갔으니 얼마나 다행이야." 그런데 이웃들이 무슨 말을 하건 노인은 그저 웃기만 했다. 불행도 행운도 그저 세상을 어떻게 바라보느냐의 문제라는 것을 잘 알았기 때문이다.

낙관주의냐 염세주의냐는 평가의 문제이다. 하지만 평가는 아무 도움이 안 된다. 염세주의자는 이렇게 말한다. "빌어먹을, 이보다 더 나쁠 수는 없어." 낙관주의자는 말한다. "그렇지 않아." 둘의 공통점은 굳은 사고이다. 어떻게든 제 것을 지키려는 안간힘이다.

고객에게 가는 길, 최고 영업자는 날씨가 엉망이어도 억지로 이렇게 위안할 필요가 없다. '가뭄에 시달리는 초목에게 얼마나 좋은 날씨야! 꽃밭에 물을 줄 필요도 없으니 좋아 죽겠어.' 긍정적 사고를 통해 꼭 자신의 해골을 장밋빛으로 페인트칠할 이유는 없다. 장담컨대 그래봤자 어차피 수당이 더 올라갈 것도 아니다. 장담한다. 최고 영업자는 지극히 평범한 대부분의 사람들처럼 생각한다. 날씨가 개떡 같군!

하지만 최고 영업자는 비를 뚫고 달려가는 동안 자신이 최고의 준비를 마쳤다는 확신을 다진다. 고객을 만나는 순간 영업자로서 최고의 능력을 발휘할 것이라는 확신을 다진다. 그냥 그렇게 확신한다. 고객을 만나기 전 가장 중요한 일곱 가지를 모두 다 갖추었기 때문이다. 그렇다. 다음에 순서대로 다룰 일곱 가지 말이다!

고객을 만나기 전 머릿속으로 계약을 체결하라

당신이 산업단지의 고객과 약속을 잡았다고 가정을 해보자. 대형 고객이다. 엄청난 돈이 걸린 건이니 아마 하루 종일 여러 사람을 만나야 할 것이다. 오후 1시, 점심시간이다. 당신은 회사 밖으로 나온다. 당신의 점심시간은 얼마나 걸릴까? 한 시간? 아니면 45분? 30분만 해도 충분하지 않나?

당신의 점심시간이 얼마나 될지는 나도 모른다. 다음 고객에게 달려가기 위해 필요한 시간에 달렸기 때문이다. 열 명의 잠재 고객이 우연히도 같은 산업단지 안에 있을 수도 있기 때문이다. 그중에는 꿈의 리스트에 포함된 고객이 있을 수도 있다. 그걸 어떻게 아냐고? 인터넷이 있지 않은가. 당신은 이미 어젯밤에 벌써 다 찾아봤다. 그래서 이제 그 리스트의 고객을 향해 달려간다. 거기까지 3분이 걸리나? 그렇다면 당신의 점심시간이 얼마인지는 당신이 더 잘 알 것이다. 당신은 54분 동안 꿈의 고객에게 가서 문을 두드릴 수 있다. 남은 일정을 소화하기 위해 돌아오는 데 걸리는 3분은 빼야 하니까 말이다.

당신의 몸에는 승자의 유전자가 숨어 있다. 당신은 항상 기회를 엿

본다. 기회가 나타나는 그 순간에 보는 것이 아니라 그 전에 미리 본다. 더 정확하게 말하면 보는 것이 아니라 기회를 계획한다. 미리 사전에 준비한다.

그렇게 생각하고 그렇게 느끼는 사람은 절반밖에 안 남은 물 잔과 절반이나 남은 물 잔 따위로 고민할 필요가 없다. 그렇게 생각하는 사람들에겐 낙관주의나 염세주의가 중요하지 않다. 그렇게 생각하는 사람에겐 무언가를 바란다는 자세가 중요하다. 100% 바란다는 자세, 이기고 싶다는 자세가.

세계선수권대회와 올림픽에서 일곱 개의 금메달을 딴 스키점프 선수 볼프강 로이츨이 대표적인 사람이다. 스키점프야말로 순전히 머리에서 나오는 작품이 아닌가! 그는 2008년과 2009년 스키점프 포힐스 토너먼트에서도 우승컵을 거머쥐었다. 사실 따지고 보면 그리 놀랄 일도 아니다. 그의 우승은 모두가 인정한 너무나 당연한 결과였다. 하지만 로이츨이 우승하기 전 오스트리아의 한 신문사와 인터뷰를 하면서 던진 말은 참으로 특별하다. 그는 말했다. 자신은 이기고 싶은 것이 아니라 이기게 될 것이라고. 그리고 말했다. "이젠 누구도 날 멈춰 세울 수가 없습니다."

⋮ 성공은 계획하는 것

성공은 그냥 일어나는 것이 아니다. 성공은 계획하는 것이다. 계획해야 하는 것이다. 로이츨 역시 오랜 시간 고된 훈련을 감내하였고 노력으로 승자의 마음가짐, 승리의 의지를 갖추었다. 그가 혼자서 처음으로 시상에 오른 때는 오스트리아 국가대표 선수가 된 지 14년 만이었다. 그 전에 딴 메달은 전부 팀이 거둔 승리였다. 하지만 일단 한번 승리의 기쁨을 맛보게 되자 철저한 준비를 통해 승리를 쟁취하였다.

승리의 의지는 재능의 문제가 아니다. 행운의 문제도 아니다. 하루의 일진이나 외부 상황의 문제도 아니다. 승리의 의지는 미리 준비하는 것이지 그냥 찾아오는 것이 아니다. 그 말을 영업자에게 적용한다면 바로 이것이다. 고객을 만나기 전 미리 머릿속으로 계약을 체결하라!

세일즈 대화를 시각화하라

포뮬러 1 선수가 그랑프리 전날 경기장을 미리 걸어본다. 중요한 지점의 아스팔트의 상태, 연석의 높이를 점검하고 도로가 얼마나 울퉁불퉁한지, 오르막이 어느 정도 되는지 살핀다. 사방을 둘러보며 조종석에 앉아 있는 자신의 모습을 상상한다. 직선 코스에서 내려가며 속도를 줄인다. 기어를 5단, 4단, 3단으로 낮추고 브레이크를 밟고 오른 쪽 연석을 지나 너무 급하지 않게 커브를 돈다. 커브의 변곡점이 어디쯤일까? 가속, 왼쪽 바깥으로 방향을 튼다. 어디가 최적 코스일까? 기어를 4단, 5단으로 올리고 연석에서 멀어지면서 6단, 7단, 그리고 다시 브레이크……. 그는 경기 전날 머릿속으로 영화를 상영한다.

⋮ 먼저 최적 코스를 안다면

영업자는 고객의 회사 건물로 들어서는 자신의 모습을 지켜본다. 고객에게 어떻게 인사하는지, 어떤 말로 다가가는지, 고객과 악수를 나누는 자신의 손에 얼마나 힘이 들어가는지 확인한다. 그렇게 영업의 문을 연다. 스물하나, 스물둘, 스물셋. 잡담은 금물, 질문을 먼저. 웃음. 수요 분석. 기어를 3단, 4단, 5단으로 바꾸고 다시 브레이크. 제품의 유익한 점을 논리적으로 설명한 후 연석을 지나고, 고객의 반론에 적절히 응답하며 커브에서 빠져나온다. 4단, 5단, 이번에는 가격과 지불상황, 왼쪽으로 빠른 커브, 다시 오른쪽, 최고 속력, 계약 체결과 관련된 마지막 질문, 서명, 목표, 우승.

영업 상담을 영화처럼 시각화하라. 한 장면, 한 장면. 그때마다 다시 마음가짐을 다잡아라. 영화를 정성껏 시청하라. 어떻게 해야 고객 상담이 가장 바람직한 방향으로 흘러갈지 영화가 보여줄 것이다. 영업이 진행되어야 할 최적 코스를 말이다.

물론 자동차 경주도 사전에 생각했던 코스대로 진행되는 경우는 거의 없다. 고객 상담의 영화 역시 각본에서 한 치도 벗어나지 않기 위해 돌려보는 것이 아니다. 당신의 태도에 확신을 주기 위해서이다. 당신에게 확신을 주기 위해서이다. 뜻밖의 일이 없기를 바라서가 아니라 바로 그 뜻밖의 일이 생길 때를 대비해서이다. 갑자기 일이 생각과 전혀 다른 방향으로 흘러갈 때 유연하고 적절하게 대처할 수 있어야 한다.

그리고 그렇게 유연해질 수 있으려면 먼저 최적 코스를 알고 있어야 한다. 포멜 1 선수에게도 예상치 못한 사태는 언제든지 발생한다. 추월을 하기 위해 최적 코스를 벗어날 수밖에 없는 사태가 언제든지 발생할 것이기 때문이다.

자, 그렇다면 영화는 언제 돌려볼 텐가? 고객에게 가는 도중에? 그건 안 된다. 아침에 거울 앞에서 면도를 할 때도 아니다. 늦어도 전날 밤에는 봐야 한다. 혹시 영화를 보다 잠들어 꿈이라도 꿀 수 있으면 그야말로 대박일 테고…….

당신은 고객에 대해 얼마나 알고 있는가

적어도 고객 상담 전날 밤까지는 숙제를 끝내야 한다. 하품하지 마라! 숙제는 했냐고 물었는데 당신 아들이나 딸이 "내일 스쿨버스 타고 가면서 할 거야"라고 대답한다면 어떻겠는가?

이것은 당신의 숙제다. 고객의 경영 실적은 어떠한가? 기업의 규모는 어느 정도인가? 지사는 있는가? 있다면 어디에? 기업의 조직은 어떤가? 법적 형태는? 가족 기업인가? 주요 활동 부문은 ? 한 부문인가? 여러 부문인가? 시장에서 판매 수준은 어느 정도인가? 제품의 타깃은? 언론은 그 기업에 대해 어떤 평가를 내리는가? 경쟁사는 어디인가? 당신의 경쟁자 중에서 그 기업과 접촉하고 있는 사람이 있는가? 당신의 주 거래 파트너는 누구인가? 정확히 누구인가? 이름을 아는가? 결정권이 있는 사람인가? 당신은 그에 대해 어느 정도 알고 있는가? 고향, 학력, 이력, 직위, 자질, 권력, 취미, 관심, 가족?

나아가 영업 상담 자리에는 누가 참석하는가? 오늘 나의 경쟁자도 그 기업과 약속이 잡혀 있나? 이미 상담을 했나? 아니면 내일 할 것인가? 상담 자리에 나올 사람이 어떤 사람인지 아는가? 알아야 상대가 자기소개를 하지 않아도 먼저 이쪽에서 이름을 불러 호감을 살 수 있다. 인터넷에 그의 사진이 뜨는가? 기업의 웹사이트는 어떻게 생겼나? 상담 파트너도 개인 웹사이트가 있는가? 상담 예상 시간은 얼마나 되는가?

이것이 당신의 숙제이다. 면제는 없다. 학생이 수학 문제를 앞에 두고 하품을 해서는 안 된다. 달려들어 문제를 풀어야 한다. 당신도 달려들어라. 과감하게 도전해봐라.

편견을 버려라

교육을 마치자마자 영업 사원으로 취직을 했다. 다음 날이면 고객을 만나러 갈 예정이었다. 벌써부터 몸이 근질근질했다. 복사기, 팩스기와 관련된 자료는 모두 섭렵했다. 이제 고객을 만나기만 하면 된다. 나는 오랜 경력을 지닌 전임이 담당하던 구역을 넘겨받았다. 반갑게도 그는 내게 고객의 자료가 담긴 자신의 색인카드를 넘겨주었다. 꼼꼼하게, 정성껏 정리를 한 자료였다. 빨간색 카드는 현재 고객들이었고, 초록색은 연도별로, 노란색은 매출별로 고객을 분류해두었다. 자고로 정리정돈보다 유용한 것은 없는 법이다.

나는 기대에 차서 그 카드를 읽기 시작했다. "뮐러 고객님은 술만 퍼마시는 알코올 중독자에 변덕이 심하다." 두 번째 카드. "마이어 고객님은 짠돌이에 입 냄새도 장난이 아니다." 세 번째 카드. "술체 고객님은 비서와 그렇고 그런 사이고 사람을 깔보는 권위주의자다." 네 번째 카드. "슈뢰더 고객님은 머리가 나빠 말을 못 알아듣는다. 방문 무의미." 그런 식이었다. 모두 불쾌한 정보뿐이었다. 사나흘 후 카드를 전부 다 읽고 나자 나는 통곡이라도 하고 싶은 심정이었다. 앞으로 내가 만날 고객들은 하나같이 이상한 성격에 술꾼, 멍청이뿐이란 말인가? 어떻게 그럴 수가 있지? 내 전임자가 비정상인가? 내가 직업을 잘못 택한 건가? 이런 끔찍한 인간들을 상대해야 하는 암울한 직종이다!

나는 풀이 팍 죽어 고개를 떨어뜨린 채 책상에 앉아 있었다. 부장님이 마침 내 곁을 지나가다가 카드를 들고 슬픔에 젖어 있는 나를 보았다. "일어나게. 그 카드 들고 따라와."

그는 나를 데리고 엘리베이터를 탔다. "지하 1층 눌러."

나랑 지하실에서 뭘 하려는 거지? 그는 큰 철제 쓰레기통 쪽으로 걸어갔다. "열게! 자, 이제 그 카드를 던져 넣고 뚜껑을 닫아."

나는 정말이냐고 물었다. "정말! 이제 자네 머리는 텅 비었어. 처음부터 다시 시작하는 거야. 이제부터는 자네가 카드를 쓰는 거야."

와우! 최고다! 이보다 더 좋은 일은 없었다. 이제부터는 내 전임자의 편견이나 가치관, 의견과 상관없이 영업 상담만 하면 된다. 고객에 대한 부정적인 생각을 전혀 하지 않아도 된다. 전임자가 고객과 잘 지내지 못했다는 이유만으로 나도 그럴 것이라는 판단은 어리석다.

⁝ 새로운 고객은 새로운 눈으로 보라

한 사람이 다른 사람에 대해 갖고 있는 개인적인 정보는 항상 주관적인 평가이다. 그러니 사실로 눈을 돌려라. 타인의 카드를 읽기보다는 네 손을 직접 점검하라.

그렇지 않을 경우 내 세미나에 참석했던 한 여성 영업자와 같은 일을 당할 것이다. 그녀에게 고객을 넘겨준 전임자의 카드엔 이렇게 적혀 있었다. "가족밖에 모르는 사람. 가족을 제일 중요하게 생각한다." 그래서 그 고객을 처음 만난 자리에서 그녀는 이런 인사로 말문을 열었다. "사모님과 자제분들도 다 안녕하시죠?"

그런데 대답은 다음과 같았다. "이혼소송 중입니다."

쿠궁!!!!!!!!!

물론 그녀는 상당히 순발력 있는 대답으로 위기를 모면했다. "이런, 동변상련을 느낍니다. 저도 그렇거든요. 정말 힘들죠." 그럼에도 대화는 성공이라고 할 수 없었다.

타인의 평가에 영향을 받지 마라. 그런 정보는 틀렸고 왜곡되었고 낡았다. 그 사람은 당신의 고객이다. 모든 신규 고객은 새로운 눈으로 바라보아라. 당신의 눈으로. 나도 반드시 그렇게 한다. 세미나 전에 전임자가 참가자에 대한 정보를 주겠다고 하면 예의 바르게 거절한다. 편견이 없는 상태, 그것이 양쪽 모두에게 득이 된다.

몇 년 전 한 대형 복사기 제조업체는 이 새 출발의 모토를 아예 회사 규정으로 삼았다. 4년에 한 번씩 영업 분야를 바꾸기로 한 것이다. 당시의 이유는 이랬다. '우리 제품은 워낙 좋기 때문에 한번 써본 고객은 절대 다른 제품으로 바꾸지 않는다. 따라서 4년 동안 고객을 설득하지 못한 영업자는 앞으로도 설득하지 못할 것이다. 제품이 아니라 영업자에게 문제가 있는 것이니 말이다. 따라서 영업자를 바꾸어 그 회사를 공략하는 것이다.'

이런 식의 영업 방침을 어떻게 생각할지는 당신의 자유이다. 어쨌든 그 복사기 회사는 그 방침으로 큰 성공을 거두었다.

좋은 일을 한다고 확신할 것

"이번 계약을 따내면 당신 주머니에 얼마나 들어갈까요?"라는 질문에 당신은 아주 겸손하게 말한다. "그런 생각은 안 해봤어요. 돈은 안 중요해요. 돈이 행복을 주는 것은 아니잖아요." 거짓말! 솔직히 인정해라. 돈은 안정을 준다. 돈은 독립을 준다. 하지만 당신 말이 옳다. 돈만으로는 행복할 수 없다. 물론 돈이 없어도 행복할 수 없다.

언제나 그렇듯 균형이 중요하다. 인간이 가장 갖고 싶은 다섯 가지, 즉 경제적 독립, 건강과 장수, 행복한 파트너 관계, 사회적 인정, 기쁨을 주는 올바른 직업이 균형을 유지해야 한다.

말만 들어도 절로 행복해진다. 그 다섯 가지가 골고루 내 손 안에 있다니! 하지만 실제 그 모든 것을 균형 있게 갖춘 사람은 정말로 극소수에 불과하다. 예를 들어 돈 때문에 몸을 망친 경영자가 있다. 나중에서야 건강을 되찾고자 발버둥을 치지만 이미 늦었다. 그가 진정한 승자일까? 일과 결혼한 사람은 또 어떤가? 당연히 가정에 소홀할 것이고 아내도, 자식도 그의 곁을 떠날 것이다. 몸은 건강하지만 돈은 없는 노인이 공원 벤치에 앉아 비둘기에게 먹이를 주고 있다. 그가 세상을 떠난다 한들 누가 애달파할까?

⁞ 고객에게 무엇을 줄 수 있는가

훌륭한 영업자에게도 당연히 돈은 중요하다. 그렇지 않다는 말은 거짓말이다. 하지만 돈만 중요하거나 돈을 일차적으로 중요하게 생각하는 건 안 된다. 돈은 연료요 윤활유다. 하지만 그것만으로는 차가 갈 수 없다. 기어, 차체, 바퀴, 브레이크, 도로와 면허증도 있어야 한다. 너무 돈만 밟히는 영업자는 제자리에 멈춰서거나 너무 멀리 달려가게 된다. 둘 다 가고자 하는 지점에 도달하는 것이 아니다.

최고 영업자의 목표는 고객에게 무엇을 얼마만큼 얻을 수 있는지 알아내는 것이 아니다. 최고 영업자는 자신이 고객에게 무엇을 줄 수 있을지 알고 싶어 한다.

하루치의 강연을 팔았건 20일간의 트레이닝을 팔았건 똑같다. 기쁨과 성실함, 준비와 비용이 똑같다. 영업 상담에서 중간쯤은 없다. 나쁜 상담 아니면 좋은 상담뿐이다. 좋은 상담이 성공한 상담일 가능성은 나쁜 상담이 성공할 확률보다 훨씬 높다. 일단 아주 조그만 계약이라도 한번 따낸다면 그 고객에게 다시 무언가를 팔 확률은 훨씬 커진다. 돈은 저절로 따라온다. 발버둥치지 않아도, 속임수를 쓰지 않아도. 당신이 고객에게 좋은 해결책을 팔았다면 그는 반드시 다시 구매를 한다. 다시, 또 다시.

앞에서 말한 다섯 가지 중에서 어떤 것에 더 치중할지는 연령에 따라서도 달라진다. 18세 때의 나는 그저 부자가 되고 싶었다. 솔직히 그랬다. 지금 나는 40대 초반이다. 지금은 다른 것들도 중요하게 생각한다. 건강과 가족 쪽으로 무게중심이 많이 쏠렸다. 물론 그동안 돈을 많이 벌었기 때문에 지금처럼 여유를 부릴 수 있을 것이다. 하지만 지금도 영업자의 엔진인 사냥 본능은 변함이 없다. 그것은 돈과 아무 상관없는 것이다. 다만 지금은 일거리가 들어와도 내 정신 건강을 위해 거절하거나 동료에게 넘겨줄 수 있는 여유가 조금 더 생겼을 뿐이다.

그럼에도 영업자는 자기 제품에 확신을 가져야 한다. 제품이 좋다고 생각해야 하고 제품을 좋아해야 하며 사랑해야 한다. 그렇다, 심지어 사랑해야 한다. 그래야만 왜 그 제품이 고객에게 이득을 안겨줄지 설득력 있게 주장할 수 있다. 복사기를 팔던 시절 나는 고객에게 좋은 일을 한다는 확신을 늘 품고 다녔다. 내 복사기가 경쟁사 제품보다 더 빠르고 질적으로도 우수하며 더 믿을 수 있는 제품이라고 믿었기 때문이다.

이런 생각이 절대적으로 필요하다. 고객의 존경을 얻도록 노력하라. 절대 내가 오늘 그를 얻으면 내 수당이 올라갈 것이라고 생각하지 마라. 장기적으로 보면 실패로 가는 지름길이다. 존경과도 아무 관련이 없다. 자존감과는 더더욱 관련이 없다.

당신의 고객보다 옷을 잘 입어라, 아주 살짝만

어느 날 사무실에 갔더니 분위기가 이상했다. 비서가 아침 식전부터 뭘 잘못 먹은 사람처럼 날 보자마자 킥킥대기 시작했다. "방금 의뢰가 들어왔는데요. 히히히. 믿기 힘드실 거예요. 히히히. 어디서 들어왔는지 아세요? 히히히. 글쎄, 그 회사에서 뭘 파느냐 하면…… 푸하하하하, 씨수소 정자래요."

정말이었다. 그 회사는 씨를 받기 위해 기른 수소의 정자를 독일 농가에 팔았다. 자세한 일정을 의논하기 위해 사장을 만났다. 깨끗하게 잘 차려 입은 유머러스한 신사였다. 우리는 뷔르츠부르크 시골의 한 호텔에서 이틀에 걸쳐 세미나를 두 번 하기로 약속을 잡았다. 거기까지는 좋았다. 약속한 날, 나는 여느 때처럼 작업복을 걸쳤다. 양복에 돌체 와이셔츠, 거기에 어울리는 커프 링크스, 맞춤 구두, 실크 넥타이, 어울리는 행커치프까지 갖추고는 911에 올라 세미나 장소로 달려갔다.

호텔이 있는 마을은 주민 수가 100명밖에 안 되는 동네였다. 그런데 주차장에 차를 대자마자 세미나 참가자들이 몰려들었다. 모두가 운동

화에 청바지, 면 티셔츠, 회사 로고가 찍힌 점퍼 차림이었다. 강도단 단복으로 삼았으면 삼았지 비즈니스 유니폼으로 쓸 복장은 아니었다.

그 순간, '아, 큰일 났구나!' 하고 가슴이 철렁 내려앉았다. 하지만 어쩌랴, 이미 이런 차림으로 와버린 것을. 나는 그들의 표정에서 다음과 같은 생각을 읽을 수 있었다. '결혼식 양복에 번쩍번쩍한 차를 끌고 달려온 저 뺀질이가 우리한테 씨수소 정자 잘 파는 법을 가르쳐주겠다고? 평생 손에 물 한번 묻혀본 적 없을 인간이? 진짜 인생이 뭔지 감도 못 잡을 인간이?'

고객이 누구인지 미리 알았으면서 나는 큰 실수를 저질렀다. 어떤 복장이 좋을지 고민해보지도 않고 무조건 회사 사장의 차림새에 맞추었다. 완전히 헛다리를 짚었다. 초짜들도 저지르지 않을 한심한 실수였다.

당연히 세미나장 분위기도 뒤숭숭했다. 상호 존중은 애초부터 물 건너갔다. 참가자들은 자기들 마음대로 들락거렸고 휴대폰으로 게임을 했다. 어수선한 분위기였다. 나는 어쨌든 건질 수 있는 것은 건져보자는 심정으로 농촌에서 자란 어린 시절 이야기와 포도 농사를 짓는 친척 아저씨 이야기를 꺼냈지만 아무 소용이 없었다. 나는 여전히 농사꾼을 무시하는 뺀질이 원숭이였다.

⋮ 클래스가 다르면 안 된다

커피 타임이 지나자 나는 전략을 바꾸었다. 공격이 최선의 방어라고 하지 않던가. "여러분, 저는 여러분이 여러분의 고객처럼 행동한다는 느낌이 듭니다. 그러니까 여러분의 태도가 농사꾼 같다는 말입니다. 그건 아마도 제가 미리 준비를 잘하지 못했기 때문인 것 같습니다. 제가 너무 과하게 옷을 차려 입었던 거지요." 그러면서 양복 재킷을 벗고 넥타이를 풀었고 커프 링크스를 빼고 소매를 걷어올렸다.

전략이 통했다. 적어도 그날의 세미나에선 그랬다. 다행히 세미나가 무사히 끝났다. 그리고 놀랍게도 세미나를 한 번 더 하자는 요청이 들어왔다. 하지만 추가 세미나는 계획대로 진행되지 못했다. 그리고 그 회사와의 관계도 그것으로 끝이었다. 내가 레벨 조절에 실패했기 때문이었다. 고객보다 살짝 높은 레벨, 영업자라고 하면 반드시 지켜야 할 그 레벨에 나를 맞추지 못했기 때문이었다.

훌륭한 영업자는 자신을 포기할 정도로 상대에게 맞추지 않는다. 훌륭한 영업자는 일거리를 구걸하지도 않는다. 훌륭한 영업자는 독립적으로 남고자 한다. 훌륭한 영업자는 돈을 잘 다룰 줄 안다. 월급이 올라 500유로를 더 받았다면 그중 절반은 저축을 해야 한다. 어차피 그 돈이 없었어도 잘 살지 않았던가. 돈을 벌고 성공을 했다고 해서 과대망상에 빠져서는 안 된다. 내가 지금 맞춤 양복을 입고 로고가 새겨진 커프 링크스를 달고 행커치프를 꽂은 채 승승장구한다면 그건 나의 상표가 시장에서 통한다는 뜻일 뿐이다. 닭 볏을 세우지 마라. 21살 때 내가 이 차림으로 복사기를 팔러 다녔다면 아마 모두가 가망 없는 인간이라고 고개를 저었을 것이다. 나를 명품에 눈이 먼 한심한 인간이라고 혀를 찼을 것이다.

수준이 맞아야 한다. 바닥도 안 되고 천장도 안 된다. 훌륭한 영업자는 항상 고객보다 살짝 잘 입는다. 아주 살짝만. 클래스가 달라서는 안 된다. 그리고 그 수준에 대해 약속 전에 항상 미리 고민을 해야한다.

영업의 성공은 세 시간 전에 결정된다

영업자가 지켜야 할 황금 규칙은 많다. 그리고 그 모든 규칙을 두고 왈가왈부 토론을 할 수도 있다. 영업자가 할 수 있어야 하고 알아야 할 사항에 대해 두꺼운 책 한 권을 쓸 수도 있다. 그렇지만 여기서도 한 가지만은 꼭 짚고 넘어가야 하겠다. 이 책은 영업자가 갖추어야 할 자세, 생각, 마음가짐을 이야기하고 있다. 스킬이나 방법, 기술을, 그러니까 행동 규칙을 가르치자는 것이 아니다. 그럼에도 딱 한 가지 행동 규칙은 마음가짐의 문제이기도 하다. 바로 이것이다. '지각하지 마라!'

'지각을 누가 하고 싶어서 하나, 어쩔 수 없는 상황이 있어서 그렇지'라고 생각하는가? 물론 교통지옥, 얼어붙은 도로, 태풍, 정체, 눈사태…… 모두 이유가 된다. 하지만 용서는 안 된다. 당연히 나도 그런 일을 겪었다. 나도 약속 시간에 늦었다. 20년 동안 딱 두 번이었다. 그런데 두 번 모두 하루를 완전히 망쳤다. 적절한 이유가 없어서가 아니었다. 세미나를 엉망으로 했기 때문도 아니었다. 지각을 했다는 생각이 하루 종일 머리를 떠나지 않았고 나 자신이 못마땅해 견딜 수가 없었기 때문이다.

비행을 하기 전 미리 비행 노선을 그려보는 파일럿처럼 세상을 바라보라. 비행 노선을 체크한 다음에는 비행기를 점검해야 한다. 비행기 주변을 한 바퀴 돌며 문제가 없는지 살피고 승무원들과 만나 준비가 잘되고 있는지 물어보아야 한다. 관제탑에서 출발 신호가 떨어지면 곧바로 출발할 수 있도록 말이다.

당신이 고객을 찾아가 제품 프레젠테이션을 한다면 최소 한 시간 전에는 그 회사에 도착해야 한다. 특히 프레젠테이션에 필요한 장치를 설치해야 할 경우 미리 그 장소에 들어갈 수 있게 조처를 취해야 한다. 그래야 그 공간의 넓이, 밝기 등을 감안하여 최적의 프레젠테이션을 준비할 수 있을 것이다.

노트북을 써야 할 경우엔 이미 부팅을 시켜 필요한 프로그램을 띄워놓아야 한다. 고객이 기다리고 있는데 노트북이 부팅되기를 기다리는 상황보다 더 난감할 때는 없다.

⋮ 고객을 기다리게 하지 마라

영업 상담 전에 미리 구비해야 할 이 모든 조건들—미리 준비하고 상담할 내용을 시각화하고 고객의 신발 사이즈를 알고 편견을 버리고 수준을 맞추고 지각을 하지 않는 것—이 갖추어지면 최고의 영업자가 되기 위해 필요한 자세와 마음가짐은 저절로 따라올 것이다. 계약 체결에 필요한 에너지를 어디에도 뺏기지 않고 온전하게 세일즈 대화에 투자할 수 있을 것이다. 영업의 성공은 영업 상담 전 3분 안에 결정되지 않는다. 세 시간 전에, 자신의 프로그래밍으로 결정된다.

어떤 점쟁이한테 행운의 돼지를 선물로 받은 적이 있다. 부적 삼아 어디를 가나 늘 바지 호주머니에 넣고 다닌다. 그 꼬마 돼지를 손에 쥐면 나의 정신 상태가 최고의 능력을 발휘할 수 있는 수준으로 올라가는 듯한 기분이 든다. 큰 도움이 된다. 하지만 절대 그것이 나의 노력을 대신해주지는 못한다.

8

대화 & 설득
: 영업의 고수는 이렇게 대화한다

나는 영업 상담을 게임이라고 생각한다. 당신이 무조건 이기게 되어 있는
게임이다. 모노폴리 같은 게임. 어떨 땐 기차역을 네 개나 딸 수 있다. 그
럼 무조건 당신이 이긴다. 아무짝에도 쓸모없는 도로가 걸릴 수도 있지만
그래도 즐길 수는 있다. 더구나 아무리 운이 안 따라도 주사위는 늘 다시
굴러가고 당신은 늘 다시 시작할 수 있다.

두려움의 눈을 똑바로 쳐다보라

어린 시절 나는 주근깨 많고 뚱뚱한 빨간 머리 사내아이였다. 잘생긴 축에 들지도 않아서 인기도 없었다. 그렇다고 스타일이 좋거나 자신감이 넘치거나 유머러스하거나 머리가 좋은 것도 아니었다. 나와 같이 어울려 다니던 친구들도 내가 좋아서 붙어다녔다기보다는 그냥 버릴 수 없어 곁에 붙여두는 식이었다.

여기가 할리우드 영화라면 아마 이쯤에서 내가 바둑을 엄청나게 잘 둔다는 이야기가 슬쩍 등장할 것이다. 아니면 타고난 이야기꾼이거나, 물에만 들어가면 물고기처럼 펄펄 날뛰는 타고난 수영선수거나.

하지만 이것은 영화가 아니라 현실이다. 그런 일은 없었다. 나는 정말로 잘하는 게 하나도 없었다. 학교 성적도 미보다는 양에 더 가까웠다. 운동이라면 농구, 핸드볼, 축구, 가리지 않고 해봤지만 운동 실력도 그저 그랬다. 그나마 축구실력은 꽤 괜찮아 평균 이상은 되었지만 무릎을 다치는 바람에 그것도 끝장이었다. 그래도 우리 부모님이 부자라는 생각은 큰 위안이 되었다. 아빠가 메르세데스를 타고 다녔던 것이다. 하지만 실상 나는 독일 에센 주에서 대대로 살아온 광부 집안의 아들이다. 그 이상도 그 이하도 아니었다.

그것이 빛나는 출세의 전제조건일까? 그런데 뭘 해서 출세를 하지? 그러니까 나는 뭘 하면 좋을지도 몰랐다. 아마 전기공이 되어 건축 현장에서 건물 벽을 두드려보거나, 점원이 되어 주인이 시키는 대로 고분고분 물건을 팔 확률이 족히 50%는 넘었을 것이다.

하지만 나는 운이 좋은 사람이었다. 필요할 때마다 꼭 필요한 사람이 나타났다. 예를 들어 우리 담임선생님 같은 사람 말이다. 공작을 가르쳤던 곰 같은 남자였는데 학창 시절 내내 인내심을 가지고 나를 지켜봐주셨고 나를 밀어주셨다. 또 내 인생 최고의 정보를 알려주신 영어 선생님도 있었다. "마르틴, 네 영어 실력은 최악이야. 1년만 미국에 가서 어학 코스를 다니든지 대학에 다녀봐. 안 그러면 절대 영어가 안 늘 거야."

그래서 나는 아버지에게 가서 미국에 가고 싶다고 말했다.

"돈은 누가 대니?" 아버지의 대답이었다.

좋다. 그렇다면 돈을 마련해야지. 나는 할머니를 찾아갔고, 나중에 생각하니 내 인생 최고의 영업 상담이었던 바로 그 상담을 시도하였다. 할머니는 당시 내 수준에서 엄청나게 많은 돈을 선뜻 건네주셨다. 무려 1만 2000마르크였다. 돈 문제가 해결된 후에는 입학 자격 시험을 치러 갔다. 시험관은 내게 말했다. "젊은이, 실력이 형편없군. 그런 영어 실력으로 거기 가서 어떻게 살려고 해? 불합격!"

그랬다. 그 '거절'은 시험장 한가운데 버티고 서서 나를 통과시키지 않으려고 했다. 나는 생각했다. '미국에 못 가겠구나. 하긴 그것도 나쁘지 않지. 어차피 지금 미국에 간 것도 아니잖아.' 그러니까 내겐 더 잃을 것이 없었고 그것이야말로 영업을 하여 계약 체결에 도달할 최고의 조건이었다. 다만 한 가지 논리가 필요했다. 고객의 반론을 무너뜨리는 적절한 대답이자 제품의 유용성을 설득할 수 있는 논리 말이다. 나는 마지막 최종 질문의 역할까지 할 수 있는 단 한 마디를 꺼냈다. "제가 영어를 잘한다면 굳이 거기 갈 필요가 없겠지요. 그렇지 않습니까?"

나는 계약을 체결했다. 그리고 미국으로 떠났다.

⠿ 세 가지 가능성이 있다

결국 뚱땡이 빨간 머리 소년은 1년 동안 미국의 낯선 가정에서 홈스테이를 했다. 그리고 머나먼 타국에서 매일 잘하지도 못하는 언어와 씨름을 해야 했다.

하지만 바로 그런 상황 덕분에 나는 맨 밑바닥에서 시작할 수 있었다. 공부 말고 달리 할 수 있는 것이 없었다. 다른 선택이 없었다. 공부는 생존이 달린 문제였다. 그리하여 어느덧 뚱뚱이 주근깨 소년은 꽤 괜찮은 성적을 받는 공부 잘하는 모범 학생으로 변신하였다. 기회를 낚아챈 청년이 되었다. 그리고 공부와 노력은 항상 좋은 결과를 낳는다는 사실을 깨닫게 되었다. 남는 시간에는 눈을 치우고 잔디를 깎고 정원 울타리에 페인트칠을 하여 난생 처음으로 1000달러를 벌었다.

믿기 힘들었다. 이렇게 금방 노력의 대가가 나타나다니! 나는 굶주린 사자처럼 공부에 매진하였다. 아마 그동안 하지 않았던 공부를 보충하고 싶은 마음이었을 것이다. 능력이 커지니 노력의 효과도 더 컸다. 그리고 공부를 더 열심히 하니 능력도 커졌다. 그 해 말 나는 미국 최고의 고등학교 중 한 곳에서 졸업장을 땄다. 대단한 결과였다. '그렇지, 이렇게 하는 거야.' 어렵지도 않았다. 재미도 있었다. 자존감도 쑥쑥 자랐다.

왜 내가 지금 이런 이야기를 할까? 미국이 너무너무 멋진 나라라서? 내가 너무 괜찮은 인간이라서? 눈을 치우면 부자가 되고 성공을 하니까? 다 아니다.

내가 이런 이야기를 들려주는 건 훌륭한 영업 사원에게는 이른바 '미국의 순간'이 필요하다고 말하고 싶어서이다. 실패할지도 모른다는, 창피를 당할지도, 거절당할지도 모른다는 두려움의 채널을 공부와 노력을 향한 내면의 의지로 돌리는 순간이 필요하다. 예전엔 두려움이 당신을 지배하였더라도, 노력한 후엔 당신이 당신의 인생을 지배한다. 당신에겐 그 순간이 필요하다. 바로 그 '미국의 순간'이.

당신을 속이고 싶지는 않다. 이런 두려움은 우리의 인성에 깊이 뿌리내린 감정이다. 그냥 스위치만 탁 켜면 저절로 사라지는 감정이 아니다. 하지만 그런 미국의 순간이 눈사태를 일으킬 수 있다. 나의 경우에도 처음에는 상당히 불안에 떨었다. 자기 확신이 넘치는 것처럼 행동했지만 실제로는 그렇지 못했다. 자존감도 매우 낮았다. 호들갑스럽고 에너지가 넘치며 뻔뻔하기도 한 나의 영업 스타일은 사실 억지로 덮어씌운 가면이었다. 그런 스타일이 잘 통하기만 한 것은 아니다. 때로 역풍을 맞을 때도 있었고 거절을 당할 때도 많았다. 자기 확신이 강한 상대를 만나는 순간 나의 정체는 쉽사리 발각이 나고 말았다. 내 자존감이 낮았다는 것은 내가 거절이나 실패, 거부를 몹시 견디기 힘들어했다는 사실에서도 잘 드러난다. 나는 그런 거절을 아주 개인적으로 받아들였다. 지금까지도 그랬다면 아마 이 영업계에서 늙어가지 못했을 것이다. 고객의 거절을 개인에 대한 거절로 받아들이는 영업자는 언젠가 우울증에 빠질 것이고 술과 친구가 되거나 고객에게 일거리를 구걸하는 앵벌이 영업자가 되고 말 것이다. 하지만 나는 열심히 자신을 갈고닦았고 실패에서 교훈을 얻었으며 성공을 통해 성장하여 강해졌다.

당신에게도 두려움의 눈을 똑바로 쳐다볼 수 있는 순간이 찾아올 것이다. 당신이 지금 공원에서 산책을 하고 있다고 가정해보자. 멀리서 군복 재킷에 시커먼 군화를 신은 대머리 남자가 걸어오고 있다. 손에는 개 줄을 쥐고 있는데 그 줄 끝에 달린 개는 사납게 생긴 시커먼 도베르만이다.

뭔가 예감이 좋지 않다. 정말, 예감이 맞았다. 그 괴물이 줄을 끊고 달리기 시작한다.

이제 당신에게는 세 가지 가능성이 있다. 첫째, 무조건 달린다. 하지만 내 짐작으로는 짐승이 당신보다 빠를 것이다. 병원에 실려 가거나 그보다 더 험한 일을 겪을 가능성이 100%다. 둘째, 제자리에 가만히 서서 양 팔을 몸에 딱 붙인다. 물리지 않을 확률이 적어도 50%는 된다. 셋째, 동물 조련사의 충고에 따라 쪼그리고 앉아 도베르만과 눈높이를 맞춘다. 그 전투견이 이를 갈면서 당신의 코앞으로 다가오기라도 하면 오줌을 지릴 것이 뻔하지만 무사히 빠져나갈 확률은 이 방법이 제일 높다. 동물 조련사의 말이 그렇다.

그런 일을 실제로 당했다고 해서 날 원망하지는 마라. 나는 동물심리학자가 아니다. 하지만 그 이야기를 통해 당신이 배울 수 있는 것이 있다. 도베르만은 당신이 무서워하는지 그렇지 않은지 정확히 안다. 고객 역시 당신의 관심이 진짜인지 아닌지 정확히 간파한다. 당신이 영업 상담을 하며 힘들어한다는 것을, 얼른 끝내고 집에 갔으면 좋겠다고 생각한다는 것을 정확히 느낀다. 당신이 여기 있는 이유가 실적 때문인지 아니면 진심으로 원해서인지 정확히 간파한다.

⁞ 자존감을 가지고 타인을 존중하라

물론 실패의 기회는 적지 않다. 그래도 눈높이를 맞추어 친절하게, 단호하게, 열린 마음으로 고객에게 다가간다면 반드시 성공의 기회는 찾아올 것이다. 같은 눈높이는 자존감이 있을 때에만 가능하다. 그렇지 않을 경우 도를 넘은 자기 확신이 일을 그르칠 수 있다.

요즘도 젊은 영업자들을 만나면 그들에게서 예전의 내 모습을 볼 때가 많다. 사실 TV만 켜도 그런 모습들을 자주 목격한다. 무한한 자기 확신을 뿜어내느라 바쁜 사람들이 있다. 쉬지 않고 남에게 상처를 주어야만 먹고 사는 사람들, 때론 상대의 약점도 거리낌 없이 공격하는 비겁한 인간들이다. 대부분의 시청자들은 웃음을 터뜨리고 고소해하거나 아니면 그런 뻔뻔한 행각에 아연실색할 것이다. 하지만 나는 그런 모습을 볼 때마다 부끄러워 얼굴이 달아오른다. 이런 경박한 인간들에게선 자존감을 감지할 수가 없기 때문이다. 그들의 신체 언어는 부족한 자존감을 여지없이 드러낸다. 자기 확신을 과시하기 위해 자기보다 자기 확신이 부족한 사람들을 조롱해야 한다면 먼저 왜 꼭 그래야만 하는지 한번 시급하게 물어볼 필요가 있을 것이다.

이런 TV 광대 중 하나가 내 고객 리스트에 오른 회사의 이벤트에 참석하여 강연을 한 적이 있었다. 관객석 첫째 줄에 내 여성 고객이 앉아 있었다. 비교적 건장한 체격의 여성이었다. 더구나 첫 아이를 임신 중이라 배가 많이 불렀다. 그의 구미에 딱 맞는 제물이었을 것이다. 그는 먼저 그녀의 생김새를 가지고 농담을 해댔다. 임신부라는 것을 누가 보아도 알 텐데 아랑곳하지 않았다. 인간에 대한 존경심이 조금이라도 있는 사람이라면 어떻게 그런 짓을 하겠는가? 하지만 그게 끝이 아니었다. 몇 사람의 웃음에 용기를 얻은 그는 입을 다물지 못하고 그만 더 큰 실수를 저지르고 말았다. 연단을 내려가 그녀에게 다가간 그가 그녀의 이름표에 적힌 아랍 식 성을 큰 소리로 읽더니 이렇게 말했던 것이다. "와우, 뱃속에서 알카에다 전사를 키우고 계시군요." 갑자기 쥐죽은 듯 고요해졌다. TV에선 시청자들의 반응을 알 수 없겠지만 이곳은 라이브 현장이었다. 갑작스러운 정적이 찾아왔다. 그는 실패했다. 상황을 만회하려 그는 이런 농담을 던졌다. "제 강의의 장점은 항상 강연비를 선불로 받는다는 것이지요." 아마 그 말은 그의 진심이었을 것이다.

그런 유형은 낮은 자존감과 높은 자기 확신으로 일그러진 우리의 자화상이기도 하다. 앞에서 말했듯 나도 그런 적이 있었다. 하지만 타인을 존중하는 마음은 한 번도 잊은 적이 없다. 그 점에서 나는 신과 부모님께 감사를 드린다. 타인을 존중할 줄 모르는 사람은 자신도 존중하지 못한다. 남에 대해 우리가 하는 말은 자신에 대한 말이기도 하다.

당신이 무조건 이기게 되어 있는 게임

자존감의 성장은 두려움을 방지하는 예방주사이다. 두려움이 없으면 용감하게 영업 전선으로 달려갈 수 있다. 그를 통해 성공할 것이고 다시 그 성공은 자존감을 높일 것이며 그렇게 계속 나아갈 것이다. 가면처럼 뒤집어쓴 과도한 자기 확신 뒤로 숨지만 않는다면 그 어떤 영업자도 이런 긍정적 상승 곡선의 열차에 오를 수 있을 것이다. 그리고 진정으로 영업을 즐길 수 있을 것이다. 최고 영업자가 가장 즐기는 것이 바로 영업 상담이 아닌가!

나는 그날을 평생 잊지 못할 것이다. 복사기 회사에 들어가 4주간의 교육을 마치고 영업 전선으로 처음 출동하였던 바로 그날. 사전에 약속을 잡지도 않았고 아는 사람을 통해 소개를 받은 것도 아니었다. 할로겐 라이트가 달리고 레이싱 스트라이프로 장식한 나의 스즈키 스위프트를 주차장에 세웠다. 나는 차 안에 앉아 고민에 빠졌다. 어느 문으로 들어가야 할까? 이마로 땀이 비 오듯 쏟아졌다. 차에서 내렸다. 무릎이 후들거렸다. 새로 장만한 무거운 검은 서류가방을 겨드랑이에 꼈다.

결정을 내릴 수가 없었다. 작은 회사로 가는 게 좋을까? 아냐, 그랬다간 바로 사장님을 만날 거야. 사장님들이야 어차피 복사기가 필요한지 어떤지 모를 것이고 그러니 당연히 안 살 것이라고 거절하겠지. 큰 회사로 가는 게 좋을 것 같아. 하지만 큰 회사엔 경비가 있을 텐데 붙잡히지 않을까? 말도 붙여보기 전에 쫓겨나는 건 아닐까?

⋮ 생각보다 힘들지 않았다

20분, 5대의 담배, 땀에 젖은 와이셔츠. 나는 결심했다. "에이, 그냥 무조건 들어가는 거야. 눈 딱 감고 지나가는 거야."

그리고 깨달았다. 해보니 생각보다 그렇게 괴롭지 않다는 것을. 첫 고객은 나를 보자마자 이렇게 말했다. "드디어 새로운 분이 오셨군요. 한동안 아무도 안 오더니."

지금의 나는 영업 상담을 게임이라고 생각한다. 당신이 무조건 이기게 되어 있는 게임이다. 모노폴리 같은 게임. 어떨 땐 기차역을 네 개나 딸 수 있다. 그럼 무조건 당신이 이긴다. 아무짝에도 쓸모없는 도로가 걸릴 수도 있지만 그래도 즐길 수는 있다. 더구나 아무리 운이 안 따라도 주사위는 늘 다시 굴러가고 당신은 늘 다시 시작할 수 있다.

그리고 또 하나, 거절은 내 개인을 향한 것이 아니다. 우리 영업부장님이 비법을 하나 가르쳐주셨다. "영업 사원이 평균적으로 수입이 상당히 좋다는 것만 생각하게. 비서가 자네를 내쫓거든 이렇게 생각하는 거야. 저 여자가 한 달 내내 일해야 벌 돈을 나는 늦어도 화요일까지는 벌 수 있어. 그렇게 생각하면 즐거운 마음으로 다음 고객을 향해 행진할 수가 있지. 한 번 거절당했다고 화를 내거나 자기 능력을 의심하는 것은 어리석은 짓이야. 영업은 인간관계 스포츠야. 관계가 많을수록 영업도 잘되는 법이지. 간단하지만 그게 영업의 공식이야. 그냥 앞으로 달려가는 거야."

지금 나는 이렇게 말한다. 당신 수업의 50%는 고통의 대가, 즉 보상금이다. 나머지 50%는 당신이 올린 성과의 대가이다. 우리 직업은 그렇다. 영업에선 얼마나 많은 거절을 견디느냐가 중요하다. 그 많은 거절에도 심장의 피를 간직하는 것이 중요하다.

당시에 하루는 다이어트협회에 들어갔다가 보기 좋게 거절을 당했다. 내게 딱지를 놓은 사람은 땅딸막한 여자였는데 거기 회장 비서라고 했다. 물론 내 비위를 거스른 것은 다름 아닌 불친절한 태도였다. 그런데 쫓겨나가면서 슬쩍 보니 그녀가 쓰고 있던 팩스와 복사기가 경쟁사 제품이었고 상당히 낡았다. 그래서 생각했다. 저 여자는 시급하게 새 팩스기를 사야 하겠군! 그 생각이 나의 의욕을 고취시켰다. 정말로 그녀에게 의미 있는 일을 할 수 있을 것이라는 확신, 그녀의 고용주에게도 의미 있는 투자를 선사할 것이라는 확신이 내 용기를 북돋아주었던 것이다. 덕분에 나는 그녀가 아무리 함부로 굴어도 크게 마음에 담지 않고 계속 그곳을 찾아갔다. 그런데 하루는 그곳에 들렀다가 그녀의 동료들이 모여 케이크를 먹으면서 즐겁게 수다를 떠는 광경을 목격하였다. 다이어트협회가 아니던가. 다이어트협회와 케이크 파티라⋯⋯. 그렇다. 왜 진즉 그 생각을 하지 못했을까? 며칠 후 나는 제과점에 들러 정말로 맛난 초콜릿 케이크를 구입한 후 전략적으로 배가 출출할 오후 시간을 잡아 다시 다이어트협회의 문을 열었고 모든 여직원을 케이크 파티에 초대하였다. 너무 무모하다고? 하지만 전략은 통했다.

그 후 그 여직원들과 어찌나 다정한 사이가 되었던지 몇 년이 지난 후까지도 하루 일진이 안 좋아 기분이 땅으로 꺼지는 날이면 나는 제과점에 들렀다가 그 다이어트협회를 찾아가 그녀들과 케이크를 먹었다. 그럼 다시 일하러 갈 의욕이 생겼다.

또 어떤 날은 어떤 회사에 들어갔다가 말도 붙여보지 못하고 비서실에서 쫓겨났다. 그런데 우연히 고개를 들었다가 거기 책상에 경쟁사의 낡은 복사기와 팩스기가 놓여 있는 것을 보았다.

그래서 나는 사장에게 직접 전화를 걸어 이렇게 말했다. "안녕하세요, 슈미츠 씨, 6개월 전에 전화를 드렸더니 6개월 후에 복사기를 바꾸겠다고 다시 전화하라고 하셨지요? 그래서 전화드렸습니다."

놀랍게도 그는 즉시 나와 약속을 잡았고 나는 복사기 세 대와 팩스기 두 대를 팔았다. 계약서에 서명을 한 후 나는 평소처럼 왜 우리 제품을 샀는지 세 가지 이유만 알려달라고 부탁했다.

그는 이렇게 대답했다. "이유는 한 가지 뿐입니다. 림벡 씨. 뻔뻔한 림벡 씨의 태도가 마음에 들었거든요. 처음부터 거짓말이란 것을 알고 있었습니다. 쓰던 복사기는 리스 제품이었어요. 그러니까 내가 바꾸겠다고 하는 소리를 했을 리가 없지요. 하지만 저렇게까지 애를 쓰는 사람이라면 복사기가 고장 났을 때도 열과 성을 다하겠구나, 그런 생각이 들었습니다."

그래, 맞다. 당신 생각이 옳다. 나는 **뻔뻔했다**. 하지만 그것도 이 게임의 일부이다. 조금은 평소보다 더 **뻔뻔해져도** 된다. 더 얼굴에 철판을 깔아도 된다. 전화 영업 때도 마찬가지다.

전화 영업이야말로 진검승부다

수화기가 30킬로그램은 되는 것 같다. 너무 무거워 집어들 수도 없다. 치켜들어 귀로 가져가는 것은 더더욱 힘겹다. 번호를 누르는 것도 힘들기는 마찬가지다. 손이 갑자기 납덩이처럼 무겁다. 으윽, 정말 이 짓을 꼭 해야 해? 전화 영업을 꼭 해야 해? 혹시 실수라도 하면 어쩌지? 헛소리가 튀어나오면? 고객의 질문에 순발력 있게 대응하지 못하면? 아무 생각도 안 나면? 상대가 그냥 끊어버리면? 난 못해. 도저히 못하겠어. 이건 내 일이 아냐.

왠지 어디서 많이 듣던 말 같은가? '나도 그런데' 하며 고개를 끄덕이는가? 맞다. 나도 그랬다. 20년 전엔 나도 그랬다.

전화는 한마디로 공포였다. 물론 지금이야 일도 아니다. 오히려 내가 잘하는 일 중 하나이다. 몇몇 동료가 독일어권 전화 협상 부문에서 제일 잘나가는 3인방 중에 내가 낀다고 말했을 정도니까 말이다. 그 말을 듣고 얼마나 기분이 우쭐했는지 모른다. 물론 나는 알고 있다. 그것이 매일 매일의 훈련으로 거둔 열매라는 것을. 그리고 누구나 그렇게 하면 열매를 거둘 수 있다는 것을. 그냥 하기만 하면 된다. 다시 말하지만 훌륭한 영업자에겐 전화 영업이 정말로 중요하다. 바로 이 지점, 즉 전화 영업에서 옥석이 가려지기 때문이다. 일반 영업을 잘 하는 영업자가 반드시 전화 영업에서 에이스의 실력을 발휘하는 것은 아니다. 하지만 반대로 전화 영업에서 에이스인 영업자는 일반 영업에서도 항상 최강자이다.

뛰어난 전화 영업은 챔피언스리그이다. 영업의 엘리트 코스이다. 가장 영업력이 뛰어난 전천후 영업자들의 코스이다. 전화를 할 때는 오로지 어휘 선택, 억양, 목소리만 듣고 고객을 판단해야 하기 때문이다. 보디랭귀지, 동작은 볼 수도 없다. 더구나 전화 목소리는 음역도 넓지 않아서 상당히 부정확하다. 목소리에 관한 모든 정보를 전달해주지도 않는다는 소리다.

게다가 전화 영업은 성공 비율도 훨씬 떨어진다. 대부분이 일반 영업보다 성공하기 어렵다. 그러니까 성공의 결과보다 거절과 거부를 당하는 경우가 훨씬 많다는 말이다.

확실한 무기도 쓸 수 없다. 당신의 자신만만한 스타일, 좋은 양복, 반짝이는 구두, 명품 만년필, 고급스러운 시계를 상대에게 보여줄 수 없다. 당신의 확신도 눈에 보이지 않는 투명 보자기가 되어버린다. 대신 상대방이 당신의 말을 **들어야** 한다. 그러니 연극은 소용이 없다. 목소리에 실린 자기확신은 자존감에서만 나온다. 진짜 자신감에서만 나온다.

얼굴을 마주보는 일반 영업에서 통하는 규칙들은 보통 전화 영업에도 그대로 통한다. 그러니까 전화 영업도 게임인 것이다. 가장 큰 걸림돌 중 하나가 결정권자에게 도달하려면 반드시 거쳐야 하는 앞 방의 여성들이다. 어떻게 해야 그녀가 결정권자에게 전화를 넘겨줄 것인가? 두둥! 정말 흥미진진하지 않은가!

⋮ 첫 문장이 결정한다

"안녕하세요. 저는 타페텐 뮐러 사의 림벡입니다. 사장님과 통화할 수 있을까요?"

자, 어떨 것 같은가? 그 말로 어디까지 갈 수 있을 것 같은가? 맞다. 아무 데도 못 간다.

첫 문장은 결정적이다. 나를 소개할 때 나는 고객이 회사 이름보다 나의 이름을 듣게 한다. 알랑거리기 위해서가 아니다. 또한 이름은 성보다 더 효과가 강력하고 인상적이다. 상대의 의식 더 깊은 곳으로 밀고 들어간다. 이름은 더 개인적이다. 다시 말해 이름을 기억한 사람과의 대화에선 아무 결과 없이 풀려나가기가 힘들다.

"안녕하세요. 저는 마르틴 림벡이라고 합니다." 잠시 쉬고. "마르틴 림벡입니다."

잠시 쉬고, 말한다.

"허버트⋯⋯." 잠시 쉬고 "허버트 마이어가 지금 자리에 계신가요?"

당신이 비서라면 무슨 생각을 하겠는가? '또 물건 팔러 전화한 성가신 영업 사원?' 아니면 이렇게 생각하지 않겠는가? '저렇게 부르는 것을 보니 사장님 불알친구인가 보네.' 당신도 잘 알 것이다. 머릿속 영화관과 생각은 자유다. 당신이 무슨 생각을 하건 그건 당신의 자유이다.

게다가 나는 마이어가 '자리에 있나'를 물었다. 의도적으로 "통화할 수 있을까요?"라고 묻지 않았다. 누군가와 통화가 가능하냐는 물음은 그에게 무언가 바라는 바가 있다는 암시이기 때문이다. 그리고 무언가는 바라는 사람은 항상 비서실의 즉각적 저항을 도발하게 된다.

비서는 이렇게 대답한다. "마이어 씨는 지금 회의 때문에 밖에 계신데요."

"아, 네, 그렇군요. 그럼 문자를 해보지요."

"네, 그러시는 것이 좋겠습니다."

"그런데 내 비서가 전달해준 전화번호가 맞는지 모르겠네요. 0179 11223344 던데, 맞나요?"

당연히 번호는 내가 마음대로 부른 것이다. 그렇지만 열에 일곱은 사장의 휴대전화 번호를 따낸다.

친절하고 단호하며 개방적인 사람은 자동적으로 권위와 신뢰를 뿜어낸다. 패자는 물론 목표를 이루려면 평소보다 살짝 뻔뻔해질 필요는 있다. 그리고 당신의 목표는 계약 체결이다. 계약을 가장 빨리 가장 효율적으로 체결하는 방법은 최대한 높은 사람과 접선하는 것이다. 계약서에 사인을 하는 사람은 비서가 아니라 결정권자이다. 그와 대화를 할 수 있어야 한다. 물론 진실을 약간 지우거나 살짝 확대시켜야 하긴 하지만 말이다. 거짓말만 안 하면 된다. 거짓말은 절대 하면 안 된다.

9

가격 협상
: 가격 협상을 잘하는 이들이
절대 놓치지 않는 것들

대가 없는 노동은 없다. 선 지불 없는 할인은 없다. 추가 주문 없는 파트
너 할인은 없다. 비용 절감 없는 단골 할인은 없다. 영업자에게 유리한 지
불 조건 변경이 없이는 할인도 없다. 훌륭한 영업자는 거래를 하지 선물
을 하지는 않는 법이다. 또 한 가지, 작은 것에선 마음껏 아량을 베풀되
가격 문제에선 무르게 대처해서는 안 된다. 최고 영업자는 그렇게 생각하
고 행동한다.

제일 중요한 것은 자존감이다

"좀 깎아주면 안 돼요?"

"안 돼요."

"좋아요, 그럼 우리 이야기는 여기서 끝내기로 하지요."

흠. 뭐 어쩌겠어? 하는 수 없지. 그런데 당신은 이 결과에 정말로 만족하는가? 만족한다면 나도 됐다. 그런데 왠지 찜찜한 기분이 남지 않는가? 현실은 이론과 다르다는 느낌? 가격은 지키되 고객은 잃는 다? 이 무슨 엄청난 이론이란 말인가? 이게 무슨 영업 전문가의 조언 이란 말인가? 그러니 다시 한번 물어보자.

"좀 깎아주면 안 돼요?"

원칙적으로는 안 된다. 그렇지만! 가격 협상은 단순한 숫자 싸움 이 상이다. 예를 들어 내 강연비나 트레이닝 비용의 경우 나는 간단하게 이렇게 말할 수 있다. 내 가격은 협상이 불가능하다. 그리고 그 원칙 은 고수한다. 절대 할인은 없다. 왜? 나는 그 돈의 가치에 부합하는 사람이니까. 그뿐만이 아니다. 나는 고객의 돈값도 하는 사람이다. 나 의 가격은 나의 가격이었고 나의 가격이며 앞으로도 나의 가격일 것이다. 그것으로 끝!

그렇지만 순수한 숫자 저 너머에는 고려해야 할 것들이 많다. 나는 당신에게 조언을 하려는 것이 아니다. 충고를 하려는 것도 아니다. 나는 독자들에게 지금 제안을 하려는 것이다. 내가 독자들을 얼마나 마음에 담아두고 있는지 보여주기 위해 이 최고 경영자의 생각을 알려주는 책에 보너스를 첨가하려는 것이다. 가격과 관련된 최고의 정보들 말이다. 그러니 이 장은 덤이다. 가격을 깎아달라는 질문에 그냥 안 된다고 말하는 것은 너무 싸다. 그렇지 않은가?

⋮ 먼저 할인을 제시하지 마라

최근에 사륜 바이크를 한 대 살까 고민했다. 가격대가 어느 정도인지 알고 싶어 영업점에 전화를 걸어 문의를 했다. 전화를 받은 영업사원은 이렇게 말했다. "6495유로입니다. 현금으로 계산하시면 조금 더 할인이 가능하고요."

그러니까 그 선량한 영업자의 말은 이런 뜻이었던 셈이다. 나의 가격은 정해지지 않았다. 나의 가격은 당신 손에 들어간 젖은 수건이다. 쥐어짜면 짤수록, 누르면 누를수록, 비틀면 비틀수록 크기가 줄어든다.

할인을 가격과 함께 부르는 사람은 자기가 지금 앉아 있는 나뭇가지가 마음에 안 들어 그 가지에 톱을 들이댄 사람과 같다. 이 물건의 판매에 생사가 걸렸다는 언질로 백기를 흔들며 미리 투항의 의사를 밝히는 것이다.

사륜 바이크 건이 실제로 그랬다. 몇 마디 더 나누자 이미 그 영업자는 가격을 6000까지 내려주었다. 어찌나 쉬웠는지 이른바 '밀당'의 의욕을 완전히 상실한 내가 그에게 지금 경쟁사를 추천해주고 싶은 것이냐고 물었을 정도였다. 당신도 잘 알 것이다. 너무 손쉬운 승리는 경쟁자를 실망시키는 법이다.

거래는 절대 그런 식으로 하지 마라. 어쨌든 쌍방이 모두 즐거운 좋은 거래는 아니다. 먼저 할인을 제시하는 것은 절대 금지다. 할인은 고객이 먼저 문의해야 할 사항이다. 그것이 게임 규칙이다. 그렇지 않으면 항상 찜찜한 기분이 남는다. "이제부터 같은 가격으로 20% 더"와 같은 문구로 광고를 하는 초콜릿 제조업체의 초콜릿을 사는 당신은 아마 이런 생각이 들 것이다. '응? 그럼 지금까지 돈을 20% 더 받았다는 거야? 아니면 제조법을 바꿔서 이제부터는 80%만 넣어도 된다는 말이야?'

이 경우 남는 것은 고객의 불안이다. 불안은 의심을 자아낸다. 의심은 영업 상담에 비생산적이다. 가격을 제시하며 할인의 가능성을 암시하는 영업자는 자신에게 해를 입히는 사람이다. 점점 더 아래로 추락하는 롤러코스터에 몸을 맡기는 것이다. 자신의 신뢰성을 해치고 자기 제품의 신뢰성을 해치며 장기적으로는 자기 상표의 가치까지 해친다.

이때 도움이 되는 것은 문제를 다른 방식으로 보는 것이다. 가격 협상을 시작한 고객은 원칙적으로 이미 구매를 한 사람이다. 가격에 대해 묻기 시작했다면 그건 곧 그 제품을 원한다는 신호이다. 남는 것은 가격의 문제뿐이다. 물론 '뿐'이라는 이 표현이 영업자 편에서 어쩔 수 없이 낮은 가격을 받아들여야 한다는 의미는 아니다. 보통의 고객은 영업자의 논리가 충분히 설득력이 있을 경우 영업자가 제시한 가격을 받아들인다. 너무 높은 가격도 아니고 너무 낮은 가격도 아니며 타협한 가격도 아닌, 가장 설득력 있는 가격을 받아들인다. 그리고 그 가격은 오직 당신 스스로가 그 가격에 확신을 갖고 있을 때에만 설득력을 갖는다.

가격 협상은 고객이 당신을, 당신의 제품이나 서비스 혹은 그 모든 것을 정말로 원할 경우에만 가능하다. 그렇지 않을 경우엔 아무리 크게 고함을 질러도 당신의 외침은 그냥 공연히 지껄여대는 할인 광고에 그치고 만다.

⋮ 하한선을 항상 명확하게

고객이 할인을 원한다면 그것은 고객이 영업자한테서 무언가를 얻고 싶다는 뜻이다. 다시 말해 추가 거래를 하자는 뜻이다. "알았어요, 영업자님. 사겠어요. 근데 조건이 있어요. 추가 거래에서 우리가 동의를 할 때에만 사겠다는 거예요. 나는 추가 이익을 원해요. 그건 당신이 가격을 깎아주는 겁니다. 가격이 얼마지요?"

그래서 당신은 대답한다. "좋아요, 고객님. 원하신다면 대화를 나누어봅시다. 하지만 이 경우에도 경제의 기본원칙은 적용됩니다. 교환 거래의 원칙이지요."

대가 없는 노동은 없다. 선 지불 없는 할인은 없다. 추가 주문 없는 파트너 할인은 없다. 비용 절감 없는 단골 할인은 없다. 영업자에게 유리한 지불 조건 변경이 없이는 할인도 없다. 훌륭한 영업자는 거래를 하지 선물을 하지는 않는 법이다. 또 한 가지, 작은 것에선 마음껏 아량을 베풀되 가격 문제에선 무르게 대처해서는 안 된다. 최고 영업자는 그렇게 생각하고 행동한다.

그럼에도 적지 않은 기업이 영업자들에게 한두 가지 가격 협상의 모델을 미리 준비해준다. 이를테면 이런 것이다. 'Don't lose a deal about the price.' 이 말은 아예 거래를 못하는 것보다는 나쁜 거래라도 하는 편이 낫다는 뜻이다. 또 이런 협상 모델도 있다. 회사가 아예 처음부터 할인의 폭을 정해주는 것이다.

처음 것도 나중 것도 나쁘기는 매한가지다. 그렇게 되면 자동적으로 무슨 일이 벌어질까? 영업자는 저항을 최소화하는 길을 택한다. 그래서 원래의 가격이 순식간에 무너지고 만다. 고객이 '가격'이나 '할인' 같은 말을 하려고 입을 벌리기만 해도 영업자는 이미 패닉에 빠진다. "영업자님, 그러니까 우리가⋯⋯" "네, 고객님. 그럼요, 그렇고말고요. 최소의 가격, 최대의 할인, 최소의 마진을 드리지요."

수많은 영업자들이 자신의 가격을 믿지 못하는 이유는, 자신과 기업은 믿지만 제품을 믿지 못하기 때문이다. 혹은 제품과 자신은 믿지만 기업을 믿지 못하기 때문이다. 그도 아니면 기업과 제품은 믿지만 자신을 믿지 못하기 때문이다. 그리고 더 많은 영업자들이 그 셋 모두를 믿지 못하는 채로 영업에 나선다.

그건 좋지 않다. 당신이 이런 상황에서 지속적으로 살며 일을 하고 있다면 남은 길은 하나뿐이다. 결정을 내려라! 다른 서커스를 찾아라. 당신 회사는 다른 광대를 알아봐야 할 것이다. 그렇지 않으면 당신에겐 성공도 행복도 없다.

가격 협상을 할 때 제일 중요한 것은 자존감이다. 영업자는 가격만큼의 가치가 있어야 한다. 어떤 가격 아래로는 절대로 팔 수 없는지, 가격의 하한선을 항상 명확히 정하라. 당신의 품위는 어느 정도의 가격인가? 반드시 명심하라. 자존감은 당신의 기본 노선이다.

흔쾌히 돈을 쓸 수 있는 상황을 만드는 법

헤르베르트가 생일을 맞았다. 마흔이 된 기념으로 친구들을 불러 파티를 열려고 한다. 친구들을 대접하려면 샴페인이 필요하다. 그래서 그는 대형마트로 가서 샴페인 20병을 산다. 한 병에 17유로라서 총 340유로가 들었다. 파티는 흥겨웠고 친구들은 샴페인이 맛있다고 아주 좋아한다. 친구들이 좋아하니 헤르베르트도 즐겁다.

일주일 후 그는 친한 친구 두 명과 함께 상트 안톤 암 아를베르크로 스키를 타러 간다. 아침에 한 번, 오후에 한 번 스키를 탄 후엔 모저비르트에서 아프레 스키(역주 – 스키를 탄 후 모여 맥주를 한잔하면서 잠시 즐거운 시간을 가지는 것)를 즐긴다. 모저비르트는 인터넷에서 '아마 아를베르크에서 가장 질 안 좋은 스키 통나무집'이라는 슬로건으로 광고하는 호텔이다. 식당 메뉴판에는 '겁나게 맛있고 욕나오게 비쌈'이라고 적혀 있다. 모저비르트는 이런 유머와 자신감을 당당하게 누릴 만한 곳이다. 그만큼 성공한 가게이기 때문이다. 〈플레이보이〉는 이곳을 가리켜 '모든 스키 통나무집의 어머니'라고 했다. 또 이곳은 평방미터당 유럽 최고의 맥주 매출을 자랑하는 곳이다. 독일의 10월 축제보다도 높은 매출이다. 이곳엔 빠른 속도로 콸콸 맥주를 공급하기 위해 40킬로미터에 이르는 맥주 수송관이 설치되었다. 영업 시간이 아주 짧기 때문이다. 15시 30분에 열어 20시에 닫는다. 1초도 일찍 열지 않고 1초도 더 팔지 않는다. 정확히 20시가 되면 가차 없이 내쫓긴다. 그런데도 가게는 항상 미어터진다. 술은 양껏 마셔도 되지만 비틀거리면 안 된다.

헤르베르트도 친구들과 바에 서서 네덜란드에서 온 여성 세 명과 즐겁게 이야기를 나눈다. 세 명은 어두워지면 곧 길을 떠날 참이라기에 헤르베르트는 그녀들을 위해 서둘러 샴페인을 주문한다. 그날 헤르베르트가 지불한 돈은 450유로이다. 고작 샴페인 세 잔 가격이 그렇게 높다. 일주일 전 생일날 마트에서 산 샴페인 20명보다도 더 비싸다. 정말로 비싸다.

그래서 헤르베르트는 화가 났을까? 전혀 아니다. 그는 마냥 행복했다. 정말 즐거운 시간을 보냈고 더구나 그의 스마트폰에는 마이케의 전화번호가 들어 있다. 그때 만났던 세 명 중 한 명이다.

가격을 바꾸지 말고 상황을 바꿔라

2년 후 헤르베르트가 결혼을 했다. 아, 물론 그 마이케하고 했다. 그리고 지금 두 사람은 스키를 타러 왔다. 둘이 처음 만났던 상트 안톤에서 추억을 되새기고 싶어서이다.

그 동네엔 명품만 파는 비싼 옷가게가 한 군데 있다. 구찌, 프라다,

디오르, 베르사체······. 두 사람이 가게로 들어가자 주인은 헤르베르트를 가게 한가운데에 있는 푹신한 소파로 데려가 앉으라고 권한 후 향기 좋은 에스프레소 한 잔을 갖다준다. 마이케는 점원과 함께 탈의실 방향으로 사라진다. 잠시 후 그녀가 헤르베르트 앞에 나타난다. 보아하니 옷감 1평방센티미터당 40유로는 할 것 같은 엄청나게 비싼 디자이너 명품 옷을 입었다. 가게 주인이 이렇게 말한다. "어떠세요? 옷이 정말 사모님한테 잘 어울려요."

당신이 헤르베르트의 입장이라면 뭐라고 했을 것 같은가? "무슨 무대복도 아니고 그걸 입고 어디를 가겠다고?" 분명 이렇게 소리치며 분위기에 초를 치지는 않을 것이다. 제아무리 짠돌이 헤르베르트라고 해도 대부분의 사람들이 하는 대로 할 것이다. 행복해하는 아내를 보며 같이 웃고 옷값을 계산할 것이다.

여름이 되자 마이케와 헤르베르트는 터키로 휴가를 간다. 클럽 호텔 알디아나에는 보석가게가 한 군데 있다. 가게는 늘 휴가를 온 관광객으로 넘쳐난다. 그 가게 주인인 젊은 터키 남자 셋은 모두 친절하고 우아하고 사근사근하다. 그리고 그보다 더 중요한 것이, 그들 모두 훌륭한 영업자라는 사실이다. 그들은 가게에 들어오는 모든 손님에게 즉각 차를 대접한다. 어린 아이를 데리고 오면 콜라와 과자를 집어준다. 세 사람은 죽이 척척 맞는 사이다. 손님이 보석을 고른 것 같으면 곧바로 달려와 이런 말로 손님의 구매를 자극한다. "정말 잘 고르셨네요. 보석을 고르실 땐 딱 세 가지 질문만 던지면 됩니다. 첫째, 내 마음에 드나? 둘째, 갖고 싶나? 그리고 셋째, 사고 싶나?"

내 말을 믿어라. 그 호텔에 묵는 모든 여성 관광객은 그 가게에서 반드시 물건을 산다. 정말 한 사람도 **빼놓지** 않고. 절대 가격의 문제가 아니다.

자, 그러니 이제 우리는 이 헤르베르트에게서 무슨 교훈을 얻을 수 있을까? 바로 그것이다. 상황이 가격을 결정한다!

그리고 그가 준 교훈은 모든 투자재, 시설, 서비스에도 통한다. 훌륭한 영업자는 비싸고 값나가는 것이 싼 것보다 훨씬 팔기 쉽다는 것을 이미 알고 있다.

이렇듯 상황이 가격을 결정한다면 영업자의 머리가 돌아가야 할 방향은 어디일까? 그렇다. 가격을 바꾸지 말고 상황을 바꾸는 것이다!

⋮ 세세한 부분까지 품격을 올려라

그 말은 고객에게 최대한 쾌적하고 부담 없고 친절한 상황을 만들어줘야 한다는 뜻이다. 냉장고에서 꺼낸 캔 커피 대신 방금 내린 아메리카노를 갖다주어야 한다. 종이팩에 든 싸구려 오렌지 주스 대신 아침에 집에서 짜서 가져온 오렌지 과즙을 내밀어야 한다. 대형 마트에서 사온 과자 부스러기 대신 제과점에서 갓 구운 쿠키를 대령해야 한다. 협상 테이블에는 오늘 아침 꽃가게에서 사온 30유로짜리 꽃이 꽂혀 있어야 한다.

상황이 가격을 결정한다.

그리고 고객이 상황을 통해 가격과 서비스를 몸으로 느낄 수 있어야 한다. 눈으로 볼 수 있어야 하며 혀로 맛볼 수 있어야 한다. 20만

유로나 되는 대형 건축 공사를 파는 영업자가 더러운 신발을 신고 협상 테이블에 앉아서 고객에게 서명을 하라고 싸구려 플라스틱 볼펜을 내밀어서는 안 될 일이다. 회사 이름이 적힌 볼펜도 안 된다. 당신의 맹장 수술을 할 의사가 플레이 모빌 가위를 들고 나타난다면 기분이 어떻겠는가?

영업자의 외모가 완벽해야 하는 것은 두말할 필요도 없는 영업자의 도리이다. 양복을 입기만 한다고 다 되는 것이 아니다. 그보다 훨씬 더 중요한 것들이 있다. 너무 눈에 띄거나 요란한 보석은 달지 않는 것이 좋다. 남자라면 귀걸이와 피어싱은 빼서 집에 둬라. 그런 것들을 주렁주렁 매단 철없는 영업자에게 자문을 구하고 싶은 고객은 없다. 설사 고객이 타투 가게를 하는 사람이거나 장신구 가게 주인이라고 해도 그렇다.

특히 세세한 부분에 신경을 써야 한다. 예를 들어 양복을 입을 때는 **항상** 무릎까지 오는 양말을 신어야 한다. 왜? 아주 간단하다. 앉거나 다리를 꼬면 바지가 올라간다. 당신이 짧은 양말을 신었을 경우 상대의 눈에 어떤 장면이 들어올까? 반짝반짝 잘 닦은 가죽 구두, 그 위로 검은 양말, 그리고 다시 털이 숭숭 난 냉동 닭 같은 남자의 다리, 그리고 다시 양복바지.

양복을 입을 때는 반드시 무릎까지 오는 양말을 신어라. 당신은 프로 영업자이지 옆집에 놀러온 아저씨가 아니다. 세세한 부분까지 높은 수준으로 끌어올려야 한다. 그래야 대화의 수준도 가격보다 더 품격 높은 수준으로 올라갈 수 있다.

비싸다는 비난에 대처하는 대화의 기술

"너무 비싸네요!"

좋다. 준비가 다 끝났으니 이제 가격 이야기를 할 때이다. 자존감도 완비하였고 제품, 기업, 가격, 당신 자신에 대한 올바른 자세도 갖추었으며, 세세한 부분까지 다 신경을 써서 상황을 완벽히 통제하였는데도 고객은 도끼를 들고 가격의 나무만 내려치고 있다. "너무 비싸요! 좀 더 싸게는 안 되나요?" 자, 이제 어쩔 것인가?

지금까지 수많은 세미나에서 가르친 모범답안은 이런 것이다. 영업자는 즉시 이렇게 반박해야 한다. "너무 비싸다고요? 뭐하고 비교를 하셨는데요?" 그럼 고객은 이렇게 대답한다. "다른 제품하고 비교했지요." 다시 영업자가 묻는다. "어떤 제품이요?" 고객이 또 대답한다. "A사, B사, C사, D사 제품이지요." 그 즉시 영업자가 반박한다. "하지만 저희는 더 나은 서비스를 제공해드립니다." 그 즉시 영업자의 말문을 틀어막는 고객의 한 방이 터진다. "아, 무슨 소리예요. 다 거기서 거기지."

자, 이제 어떻게 할 것인가? 지금부터는 당신이 무슨 말을 하건 다

변명에 불과하다. 바로 그 지점에서 하강 곡선은 시작된다. 당신이 수세에 몰리는 순간 할 수 있는 것은 반박뿐, 게임은 이미 당신의 손을 떠났다. 영업자는 항상 게임을 결정해야 한다. 그것이 영업자의 타고난 역할이다. 그렇지 않으면 영업자가 아니라 소매상이다. 그러니 그런 식의 가격 협상은 머리에서 지워라! 이런 식의 '무엇과 비교해 비싸냐' 전략으로는 강아지 한 마리도 꼬드기지 못한다.

이제 남은 유일한 방법은 당신은 여전히 당신의 가격을 고수한다는 사실을 고객에게 전달하는 것이다. 비싸다는 비난을 반박하지 마라. 고객이 "너무 비싸요."라고 말하면 나는 이렇게 대답한다. "맞습니다. 비싸지만 좋지요. 좋은 이유는……" 그러면서 대화를 제품의 유용성 논리로 이끌어간다.

여기서 중요한 것은 두 가지다. 첫째, 반복이다. '좋다'를 두 번 반복해야 한다. 두 번째, 유용성 논리는 당신이 사전에 수요 분석 숙제를 마쳤을 때만 통한다. 고객의 구매 동기, 소망, 희망, 요구에 맞는 수요 분석을 마쳤을 때만 효과가 있다. 그렇지 않으면 '꽝'이다.

잊지 마라. 이 원칙은 다 알다시피 수많은 서비스 부문에서 무리 없이 통한다. 제화공에서 변호사까지! 전문가를 원한다면 돈을 지급해라. 당신의 운전면허증을 되찾아줄 변호사의 수임 비용을 협상할 것인가? 싸다는 이유만으로 2급 심장의한테 심장 수술을 맡기겠는가? 당신이 쓸 심방 맥박 조절기를 인터넷으로 구매할 텐가? 치과에 가서도 가격 협상을 벌일 텐가? 비행기 티켓을 살 때도? 박물관에 가서도 입장료를 깎아달라고 조를 텐가?

⋮ "능력이 비싸다면 무능력을 사세요."

그렇다. 세라믹은 비싸다. 하지만 플라스틱보다 훨씬 내구성이 좋다. 건강에도 좋다. 파마가 비싸다고 미용실에 가서 최대한 오래 가게끔 뽀글이 파마로 해달라고 할 텐가? 유럽 여행은 비싸다. 하지만 값싼 동남아 여행과는 또 다른 경험을 할 수 있다. 로비 윌리엄스가 동행하는 테이크 댓의 공연 티켓 값은 무려 349 유로다. 하지만 15년 만에 처음으로 우리나라를 찾아온 그들이다. 테이크 댓의 음악을 라이브로 들을 수 있는 기회다.

단단한 자존감과 올바른 제품을 판매한다는 굳은 확신만 있어도 이미 절반은 성공한 것이다. 나머지는 순발력이다. 비싸다는 비난에 대답을 할 때는 번개처럼 빨라야 한다. 순발력은 고속의 지능을 의미하기 때문이다.

'안타깝게도 나는 순발력이 없는데…….' 지금 너무나 순발력 있게 이렇게 대답한 당신은 내 말을 잘못 알아들었다. 순발력 유전자 같은 것은 존재하지 않는다. 순발력 호르몬 같은 것도 없다. 정해진 가정에서, 정해진 지역에서, 정해진 달에 태어나야만 하는 것도 아니다. 순발력이 있으려면 특별한 양육 환경이나 특별한 다이어트가 필요한 것도 아니다. 순발력이 있다는 것은 그저 준비를 철저히 했다는 뜻이다.

더 간단한 방법이 있다. 그냥 20가지 대답을 달달 외워 준비해두면 된다. 말 그대로 외우는 것이다. 그랬다가 고객이 "너무 비싸요"라고 하거든 그 20가지 중에서 아무거나 한 가지를 꺼내 입에 올리면 된다. 첫 번째로 생각나는 대답을 숨도 쉬지 말고 그냥 발사하는 거다. 빠르지만 크고 또렷하게, 단호한 음성으로. 그렇게만 하면 충분하다.

직접 20가지 대답을 만들어 준비해도 좋고 여기서 내가 가르쳐 주는 것들 중에서 골라도 좋다. 예를 들어보자.

"다른 제품이 더 싸다고요? 그럼 고객님도 같이 싸지는 겁니다."

"할인은 경쟁의 출발 신호탄입니다. 정말로 그 달리기에 참가하고 싶으세요?"

"저희가 제 가격을 받지 못하면 고객 서비스에 투자할 돈도 줄어듭니다."

"품질에는 가격이 있지요."

"100% 투자하시면 100%를 받으시고 90% 투자하시면 90% 받으시고 그게 세상 이치지요."

"싼 게 비지떡이라는 말도 있지 않습니까?"

"능력이 너무 비싸다고 하시면 무능력을 사셔야지요."

"꿈이 싸면 아침 기상도 값싼 법이지요."

"고객님 회사의 영업 사원들도 이렇게 계속 가격 압박에 시달린다면 무슨 말씀을 해주시겠습니까?"

"제가 장담합니다만 오늘 고객님보다 더 싸게 사시는 분은 없습니다."

"싼 물건을 선택하는 것이 진짜 물건을 비싸게 사는 지름길입니다."

"우리는 매출보다 고객을 먼저 생각합니다."

"이 가격엔 저희의 경험이 들어가 있습니다."

"제가 정말 딱 5유로어치만 일하시길 원하십니까?"

"할인을 해줄 예산이 없어서요."

"할인은 기부 영수증이 있어야만 해드릴 수 있습니다."

"할인은 해드리겠습니다만 그러려면 이것저것 빼고 드려야 하는데요."

"그럼 이 품질을 유지할 수가 없습니다."

고객에 따라, 영업자에 따라 순발력 있는 대답도 달라져야 한다. 하지만 모두에게 공통된 것은 미소이다. 다정한 미소를 지으며 가능하다면 눈도 찡긋하면서 대답을 던져보라. 미리 거울을 보면서 연습을 하는 것도 좋은 방법이다.

내 세미나 참가자 한 사람은 이런 상황에서 순발력 있는 대처로 성공한 적이 있다. 그가 구매부장과 한창 협상을 진행 중이었다. 갑자기 사장이 방으로 들어오더니 자기소개를 하고는 저 뒤편 책상에 앉아 컴퓨터로 일을 했다. 그런데 협상 중에 계속 그가 끼어들었다. 영업자는 이런 말로 대처했다. "오늘 기분이 협상 모드이신가 보네요. 이리 오셔서 동참하시죠." 결국 그 영업자는 그날 일생 일대 최고의 계약을 따냈다. 예전에 비해 10배에 가까운 매출을 올린 것이다.

아니면 이야기를 활용해보라. 고객에게 맞는 사례를 드는 것이다. 예를 들어 상대가 당신만큼 옷을 잘 입었다면 이런 식으로 해보자.

"고객님, 이렇게 한번 가정해보시는 건 어떨까요? 고객님께서 토요일 아침에 최고의 양복 가게에 가시는 겁니다. 군청색 양복을 보여달라고 하니 영업 사원이 두 가지 양복을 꺼내 보여줍니다. 하나는 비싸고, 하나는 쌉니다. 얼른 보기엔 둘이 별로 차이가 없어 보입니다. 그래서 고객님이 싼 것부터 입어봅니다. 그런데 바지를 입자마자 정전기가 일면서 양탄자 먼지가 바지에 달라붙습니다. 양복 소재가 보기보다 고가가 아니었던 것이지요. 그래서 두 번째 양복을 입어봅니다. 이번에는 맞춤 양복 저리 가라 할 정도로 몸에 딱 맞습니다. 더구나 비싼 양복은 바짓단 수리비가 양복 가격에 포함되어 있다고 말합니다. 자, 고객님 보십시오. 어디를 가나 이렇습니다. 대부분의 제품이 얼른 봐서는 진짜 품질을 알아보기가 힘듭니다. 사용해봐야 진가를 알 수 있지요. 또 영업자가 가격을 억지로 깎아주는 바람에 수익이 떨어지게 되면 어쩔 수 없이 그 손실분을 다른 곳에서 메워야 합니다. 다른 곳에서 비싸게 팔 수 밖에 없는 거지요. 아니면 고객님과의 다음 거래에서 몰래 비싸게 팔거나요. 고객님, 경제의 법칙은 절대 적은 돈을 주고 많은 서비스를 제공하지 않습니다."

이런 식으로 언변을 키워라! 용감하게 시도해봐라. 좌충우돌하는 가운데 분명 배우는 것이 있을 것이다. 당신이 가치가 있는 사람이라면 고객은 투자를 할 것이다. 가치 존중은 상호성에 기초한다.

⋮ 입에서 술술 나올 때까지

아니면 '펜슬 셀링'을 이용해도 좋다. 펜슬 셀링이란 말 그대로 고객이 당신에게서 구매를 할 경우 어떤 이익이 있는지 직접 계산을 해보여주면서 고객을 설득하는 영업 방식이다. 몇 가지 규칙이 있지만 그 중에서도 특히 유념해야 할 점은 계산에 이용할 숫자를 고객에게 물어야 한다는 것이다. 이유는 간단하다. 당신이 예로 든 숫자는 고객에게 의심을 불러일으킬 수 있기 때문이다. 하지만 자신이 직접 고른 숫자에 토를 달 고객은 많지 않다. 가능하다면 아예 계산 자체를 고객에게 직접 맡기는 것도 나쁘지 않다.

복사기 회사에서 영업을 하던 시절, 나는 서비스 약정 체결에 관심이 많았다. 당연히 나한테도 이익이 되는 계약 조건이었다. 첫째, 매출이 더 늘어났고 둘째, 나랑 서비스를 계약해놓고 경쟁사 제품을 쓸 고객은 없을 것이기 때문이었다. 고객 입장에서도 돈을 절약할 수 있다는 장점이 있었다.

고객에게 계산을 해 보이는 것은 어렵지 않았다. 아주 간단한 계산이었다. 고객이 1개월당 5000장을 복사한다고 치자. 그럼 연간 6만 장이다. 업계 경험치로 볼 때 해가 갈수록 10%씩 복사량이 늘어난다고 치면, 복사기를 구입한 이듬해에는 총 6만 6000장을 복사하게 된다. 토너를 한 번 갈 때마다 5000장을 복사한다고 하면 복사 한 장당 가격은 5페니히이고, 1년이면 3000마르크가 된다.

자, 이제부터가 진짜 계산이다. 복사기가 오작동을 일으켜 4000장밖에 복사가 안 되거나 덮개 유리에 수정액이 묻었는데 모르고 100장을 복사했다가 종이에 검은 얼룩이 묻는다면 당연히 기술자를 불러야 할 것이다. 그런데 서비스 추가 약정을 하지 않을 경우 매번 돈을 내야 한다. 출장비, 부품 값 등 기술자가 요구하는 금액을 주어야 한다.

고객과 같이 그 서비스 비용을 서비스 추가 약정 비용과 비교해봤더니 차이가 10% 정도 났다. 나는 이런 논리로 고객을 설득하였다. "약정을 체결하시면 이렇게 10% 정도가 고객님의 이익으로 돌아갑니다. 또 언제라도 서비스를 부를 수가 있습니다. 일주일에 한 번을 불러도 기술자가 득달같이 달려올 것입니다. 그러니까 마음을 푹 놓고 기계를 사용할 수 있는 것이지요." 고객은 고개를 끄덕였다. 다들 잘 알 것이다. 노혼혼(역주 – 고개를 흔드는 강아지 모양의 인형)을 쳐다보고 있으면 어떤 기분이 드는지. 하품도, 미소도, 고갯짓도 스르륵 전염이 되는 법이다.

또 한 가지 비법이 있다. 가격을 언급할 때는 짧게 하라. "그 사륜바이크는 560입니다." "가격표에 210이라고 쓰여 있네요." 하지만 고객의 이득을 수치로 표시할 때는 길게 늘여라. "그러니까 총 560만 원이 고객님의 주머니로 더 들어가게 되는 거지요."

영업은 기술이다. 모든 기술자가 도구의 사용법을 익혀야 하는 것처럼 모든 '언변 기술자'도 모든 문장이 필요한 자리에 완벽하게 들어맞을 때까지 배우고 연습해야 한다. 온갖 논리가 술술 흘러나올 때까지, 한마디도 버벅거리지 않을 때까지. 고객의 모든 반론을 무너뜨리고 모든 비판을 무너뜨릴 때까지. 기술자는 견습공으로 시작하여 배우고 연습하고 실험한다. 그러다가 도제가 되고, 다시 배우고 연습하고 실험한다. 마이스터가 될 때까지. 하지만 마이스터가 된 다음에도 여전히 배우고 연습하고 실험한다. 바로 이것이 최고 경영자가 갖추어야 할 마음가짐이고 자세이다.

구매를 부르는 영업 제안서의 비밀

안녕하십니까? 문의하신 물품의 가격과 기타 사항을 알려드립니다.

책상 1개: 카탈로그 번호 43578743 / ByK 3-Senator
참나무
가격: 2199.99유로

문의에 감사드리며 주문을 기대합니다.

위와 같은 제안서를 받으면 어떤 생각이 들 것 같은가? 나는 아마 이렇게 생각할 것이다. '영업의 고수가 되려면 아직 좀 더 있어야 되겠다.' 영업의 고수가 될 때까지는 수십억 장의 영업 제안서를 고객에게 보내야 할 것이다. 그러니 이 자리를 빌려 몇 가지 유의사항을 알아보는 것도 나쁘지 않겠다.

당신이 고객인데 이메일로 영업자한테 이런 식의 영업 제안서를 받았다고 가정해보자. "안녕하십니까, 고객님. 11월 13일에 방문했던 영업자입니다. 그날 문의하신 내용에 대해 알려드리고자 합니다. 어쩌고저쩌고……. 다시 한 번 문의해주신 데 대해 감사의 인사를 드리며 고객님의 주문을 기다리겠습니다."

문장 구조는 나무랄 데가 없다. 하지만 영혼 없는 따분한 내용은 비아그라 판매상이 보내는 수십억 개의 스팸메일과 별로 다를 것이 없다. 당신의 고객은 세상에서 단 하나밖에 없는 사람이다. 따라서 그는 당신의 제안서가 수십억의 세계 인구가 아닌 자신만을 향한 것이라는 느낌을 원한다. 사실 그것이 당연하다. 고객은 당신의 제안서에서 당신이 아닌 그 자신을 발견해야 한다. 그것은 당신의 제안서가 아니라 고객의 제안서이기 때문이다.

나는 거기서 한 걸음 더 나아간다. 고객이 이메일로 보내라고 말을 했어도 나는 반드시 우편으로 보낸다. 제안서를 직접 손으로 느낄 수 있도록. 그리고 덤으로 가장 인상에 남는 상자를 열어볼 수 있는 즐거움을 제공한다. 상자에는 내 책과 DVD, 그리고 가능하다면 고객에게 딱 맞는 작은 선물이 들어 있다.

⫶ 고객에게 돌아갈 이득이나 서비스는 굵은 글씨로

물론 나의 고객은 이메일로도 제안서를 받아볼 것이다. 하지만 메일에 그냥 전하고 싶은 내용을 쓴 그런 평범한 제안서가 아니다. 그런 식의 제안서는 마치 당신이 신문에서 글자를 오려서 붙인 다음 복사를 해서 편지를 보낸 것 같은 느낌을 불러일으키기 때문이다. 그럼 고객은 소스라치게 놀라며 당신이 자기 집 개를 납치한 후 협박 편지를 보냈다고 생각할 것이다. 이메일 제안서도 진짜 편지와 마찬가지로 형식이 있다. 제안서는 공문이다. 그러니 메일에 첨부된 PDF 파일에도 최고급 편지지와 마찬가지로 회사 로고가 찍혀 있어야 한다.

또 이메일이든 편지지든 가격은 진한 글씨로 표기하지 않는다. 가격은 다른 텍스트와 같은 글자 크기로 쓴다. 하지만 고객에게 돌아갈 이득이나 서비스는 진한 글씨로 강조한다.

나는 가격을 표기할 때 소수점 뒷자리 수까지 다 쓴다. 매끈한 숫자는 뭔가 반올림을 해버린 듯한 인상을 주기 때문이다. 솔직히 안 그래도 모든 고객은 영업자에게서 뭔가 개운치 않은 느낌을 느끼지 않는가?

꼼꼼한 가격 표시는 솔직하고 진중하다는 느낌을 전달한다. 또 영업자가 고객에게 가장 유리한 가격을 이끌어내기 위해 무진 애를 썼다는 느낌도 준다. "1개월 리스 가격이 500유로입니다"보다는 "1개월 리스 가격이 501.23유로입니다" 쪽이 더 성의 있어 보이지 않는가?

PDF도 편지지도 겉장이 있는 것이 좋고, 그 겉장에 누구에게 보내는 제안서인지 표기를 해주어야 한다. 고객의 회사 로고를 집어넣으면 더 좋다. 또 읽기 편하고 이해하기 쉬워야 하며 글의 짜임새도 좋아야 한다. 당신의 제안서는 '권고'이지 '신청'이 아닌 것이다.

가격은 샌드위치처럼 고객이 가져갈 이익 사이에 끼워 넣어 포장한다.

"고객님께서는 불과 2203.56유로에 원하시던 책상을 받으시게 될 겁니다. 바라시는 대로 서랍은 두 개이며 책상 안쪽에 콘센트가 설치되어 케이블 선이 보이지 않습니다. 또 높낮이를 조절할 수 있고 인체 공학적으로 설계된 우수한 제품입니다."

어떤가? 사고 싶은 마음이 불끈 솟구치지 않겠는가?

10

거절
: 'No'는 또 한 번의
도전이 필요하다는 뜻이다

한 번의 거절은 고객을 잃었다는 의미가 아니라 고객에 대해 더 많은 생각을 해야 한다는 의미이다. 고객에 대해 새로운 생각을 해야 한다는 뜻이다. 고객은 이미 귀가 막혀 들을 수가 없는데도 계속해서 맹목적으로 같은 곳을 두드리는 짓은 무의미할 뿐 아니라 비생산적이다. 머리로 벽을 뚫으려는 짓은 파괴적이다. 벽이 부서지거나 당신의 두개골이 부서지거나 둘 중 하나다. 훌륭한 영업자에게 필요한 것은 그런 무식하고 거친 우직함이 아니다. 영업자에게 필요한 것은 지적이고 예의 바른 끈기와 상상력이다.

영업자는 얼마만큼의 `NO`를 견딜 수 있을까?

───────

아니, 시간이 없어요. 고맙지만 관심이 없네요. 아니, 지금은 필요가 없어요. 아뇨, 경쟁사 제품을 사겠어요. 아니, 당신네 제품은 너무 비싸요.

아니, 안 사요. 됐어요. 싫어요.

영업자는 대체 얼마만큼의 "No"를 견딜 수 있을까? No는 거절이다. 물론 거절당하고 싶은 사람은 없다. 거절당한다는 것은 즐거운 느낌이 아니다. 무슨 말로 미화를 해도 사실이 그렇다. 그러나 당신은 영업자다. 그리고 영업만큼 많은 거절을 참아야 하는 직업은 거의 없을 것이다. 재무부 장관 정도? 뭐, 그럴지도 모르겠다.

하지만 이런 수억만 번의 거절을 충분하다 못해 넘치게 고민하였던 한 기업이 있다. 바로 에어버스이다. 1970년대 에어버스는 아주 새로운 제품을 시장에 출시하였다. 몸통이 넓고 좌석열이 좌우로 두 개이며, 두 대의 동력장치를 갖춘 중거리용 여객기 A300으로, 최고 탑승 승객 인원이 266명이었다. 아직 거의 전 세계가 미국의 보잉, 맥도넬

더글러스, 록히드에서 비행기를 사던 시절이었다. 그런데 이 유럽인들이 동력 장치가 단 두 개밖에 안 되는 대용량 중거리 비행기를 들고 와서 미국 비행기 시장으로 진입하려 하였다.

거절이 우박 내리듯 쏟아졌다. 노리는 시장부터가 비행기 제작의 선도국인 미국이었다. 그러니 미국 기업도 아니면서 덩치도 너무 큰 데다가 구조도 기존의 비행기와 전혀 다른 비행기를 덥석 사겠다고 나설 미국 항공사는 어디에도 없었다. 관심도 없었다. 수요도 없었다. 경쟁도 치열했다. No, No. 다시 한 번 No!

하지만 그 유럽인들은 자기 비행기의 성능을 확신하였다. 자기 제품이 소음이 더 적고 가격도 싸며 더 현대적이고 성능도 더 우수하다고 굳게 믿었다. 거절은 새로운 충동을 부추겼다. 이 열리지 않는 시장의 자물쇠를 어떻게 따지? 그리고 충동은 새로운 도전을 낳았다.

그 새로운 도전의 주인공은 당시 에어버스의 사장 베르나르 라티에르였다. 그리고 그가 노린 타깃은 프랭크 보먼이었다. 보먼은 아폴로 8호의 우주 비행사였고 미국에서 두 번째로 큰 항공사 '이스턴 항공'의 최고 경영자였다. 그러니까 비행과 관련된 문제라면 보먼 앞에서 함부로 떠들 수 있는 사람이 없었다. 그런 그 역시 에어버스의 약속을 믿지 않았다.

1977년 12월 어느 날 라티에르가 보먼을 에어버스의 공장으로 안내했다. 가는 도중에 그는 입이 떡 벌어질 만한 제안을 했다. 보먼에게 4대의 A300을 6개월 동안 빌려주겠다는 것이었다. 그것도 단돈 1달러에. 그리고 6개월이 지나도 확신이 서지 않을 때에는 에어버스가 아무 대가 없이 비행기를 도로 가져가겠다고 했다. 보먼의 입장에선 손해될 것이 전혀 없었다. 잃어봤자 고작 1달러였다. 그때까지 민간 항공사에서 그 누구도 그런 제안을 한 적이 없었다. 마침내 에어버스 격납고에 들어간 보먼은 자기 눈을 의심했다. 반짝반짝 빛이 나는 신형 A300이 그의 눈앞에 떡 버티고 서 있었다. 그것도 이스턴 항공사에 맞추어 도색이 끝난 상태로 말이다.

"지금 당장이라도 가져가시면 됩니다." 라티에르는 그렇게 말했다고 한다.

⋮ 거절당했다면 도전하라

그만큼 에어버스 사장은 자기 제품에 굳은 확신이 있었다. 1978년 봄, 6개월이 다 지나기도 전 보먼은 23대의 A300을 주문했다. 그것이 돌파구였다. 그 거래는 모두에게 득이 되었다. 보먼은 돈을 절약했고 기존 비행기의 3분의 1 비용으로 비행이 가능한 제트기를 보유하게 되었다. 에어버스의 입장에서도 이스턴 항공사와의 거래는 성공의 시작이었다.

'No'의 의미는 무엇인가? 아무리 강조해도 과하지 않다. 'No'란 또 한 번의 도전이 필요하다는 의미이다.

당신의 고객은 앞으로도 당신의 보살핌을 받아 마땅한 사람이다. 한 번의 거절은 고객을 잃었다는 의미가 아니라 고객에 대해 더 많은 생각을 해야 한다는 의미이다. 고객에 대해 새로운 생각을 해야 한다는 뜻이다. 고객은 이미 귀가 막혀 들을 수가 없는데도 계속해서 맹목적으로 같은 곳을 두드리는 짓은 무의미할 뿐 아니라 비생산적이다. 머리로 벽을 뚫으려는 짓은 파괴적이다. 벽이 부서지거나 당신의 두 개골이 부서지거나 둘 중 하나다. 훌륭한 영업자에게 필요한 것은 그런 무식하고 거친 우직함이 아니다. 영업자에게 필요한 것은 지적이고 예의 바른 끈기와 상상력이다. 네 번의 도전이 필요한 경우도 많다. 네 번이 안 되면 다섯 번, 그도 안 되면 여섯 번도 도전해야 한다. 며칠, 몇 주, 몇 달이 걸리더라고 도전하고 또 도전해야 한다.

인내심을 갖고 끈기를 발휘한다는 것이 고단한 일이라는 것은 나도 잘 안다. 훌륭한 영업자라면 다들 알 것이다. 거절이 면도나 칫솔질처럼 우리 인생의 일부라는 것을. 훌륭한 영업자라면 알 것이다. 고객이 그와 거래를 하는 이유는 그가 지금의 그이기 때문이며, 또 다른 고객이 그와 거래를 하지 않는 이유도 그가 지금의 그이기 때문이라는 것을. 모든 고객을 다 내 편으로 만들 수는 없다. 아무리 노력해도, 아무리 절절하게 원한다 해도 말이다. 그것이 인생이다.

거꾸로 영업자도 고객에게 "No"라고 할 수 있어야 한다. 물론 그것이 영업자의 입장에서는 고객의 거절을 참는 것보다 더 힘든 일이라는 우리 모두 잘 알고 있지만 말이다.

승자처럼 생각해야 최고 고객이 찾아온다

또 월요일이다. 8시 30분. 이번 주의 첫 고객 상담이다. 고객이 내 얼굴을 보자마자 가격을 붙들고 늘어진다. 반론을 펼치고 품질의 장점을 아무리 설명해도 쇠귀에 경 읽기다. 한 주의 시작이 아름답기도 하지. 어쩔 수 없이 나는 가격을 할인해주기로 한다. 쓸데없이 상담 시간만 길었지 내 입장에선 득 될 것도 없는 장사다.

점심 직전, 나는 가라앉은 기분으로 두 번째 고객의 사무실로 들어선다. 이번에는 아침보다 좀 낫길 바랐다. 하지만 아니었다. 이번 고객의 머릿속에도 오직 돈, 돈 생각뿐이다. 하는 수 없이 이번에도 가격을 낮춰준다. 오후 2시 45분, 기분은 더 나빠졌다. 그런데 불행도 삼세번인가. 세 번째 고객 역시 한 가지 생각밖에 없다. 가격 인하! "더 싸게 주겠다는 데가 있어요. 할인을 안 해주면 우리는……."

네 번째 고객에게로 가는 길. 오늘 일진이 왜 이렇지? 아침부터 세 번이나 '거절의 귀싸대기'를 맞았다. 벌써 신물이 나려고 한다. 오후 5시 15분, 네 번째 고객의 사무실 앞. 사무실 문이 열린다. 아이고, 고객의 얼굴엔 불만이 가득하다. 월요일인데 너무하잖아. 나는 포기하고 먼저 백기를 든다. "아무 말씀도 안 하셔도 됩니다. 얼굴 표정만 봐도 알겠습니다. 제가 양보하지요. 가격을 깎아드리겠습니다."

퇴근 후 운동복을 입고 소파에 앉아 이불을 머리끝까지 뒤집어쓴다. TV도 싫다. 라디오도 싫다. 맥주도 싫다. 다 싫다. 세상은 나쁘다. 나라고 더 나은 것도 아니다.

화요일 아침, 8시 30분. 어제보다는 나아야 할 텐데. 나의 우려를 알기라고 한 듯 첫 고객은 정말 호탕한 성격이다. 우리 거래가 양쪽 모두에게 득이 된다는 나의 논리를 금방 이해한다. 그리고 무엇보다 나의 가격을 (물론 마지못해) 받아들인다.

드디어, 다시 상승 무드를 탔다. 두 번째 고객이 가격 할인 여부를 묻는다. 나는 생각한다. '아침에도 성공했으니 이번에도 잘할 수 있을 거야.' 정말 내 생각대로 두 번째 고객도 나의 설득에 넘어간다. 기름을 칠한 듯 술술 일이 풀린다. 세 번째 고객 역시 금방 호의를 비쳤고 30분 후 나는 해트트릭을 올린다. 세 고객 연속으로 최고의 계약을 따낸다. 인생이 이렇게 아름다울 수가 있는가!

오후 5시 45분, 오늘의 마지막 상담이다. 나는 환하게 웃으며 고객에게 다가가 말을 건넨다. "괜히 애쓰지 마세요. 오늘은 제가 정말로 순항 중이거든요. 고객님도 저한테 사실 겁니다. 제가 제시한 가격으로요."

분명 당신도 알 것이다. 나의 경험처럼 우리에겐 두 가지 종류의 하루가 있다는 것을. 모든 영업 상담은 다음 상담에 영향을 미치며 이런 경험의 총합이 다시 영업자에게 영향을 미친다는 것을. 모든 정서적 사건은 메아리를 불러와 다음 사건에 자신의 메아리를 전달한다는 것을. 추월차선에서 시속 170킬로미터로 달리다가 깜빡이도 켜지 않고 갑자기 끼어든 4톤 트럭 때문에 죽을 뻔했다면 다음에 4톤 트럭을 봤을 때 어떤 반응을 보이겠는가? 바로 그렇다. '아아주우 처언처언히, 조오시임 조오시임' 지나갈 것이다.

우리 모두는 똑같다. 하지만 두 시간만 지나면 다시 기어를 바꾸고 액셀러레이터를 밟는다. 실망에서 도전으로, 우울에서 행동으로!

⋮ 우울에 빠지지 말고 무엇이든 하라!

어떻게 하면 되냐고? 여기 아주 간단한 방법이 있다. 이 책을 손에 든 지금 여기서 할 수 있는 방법이다.

자, 상상해보자. 오늘은 일진이 최악인 날이다. 되는 일이 없다. 회사에서 잘리고 고양이는 차에 치이고 결혼은 파탄이 났으며 집도 경매에 넘어가 당신은 노숙자가 되었다. 당신은 지금 대형 마트 주차장의 컨테이너 옆에 박스를 깔고 앉아 있다. 비가 내리기 시작한다. 당신은 어떤 자세인가. 웅크리고 있다. 다리를 모으고 고개를 양팔 사이에 집어넣고 후드 티에 달린 모자를 머리에 뒤집어썼다. 헌옷 자루보다도 크지 않은 한 덩어리의 가난!

자, 이제 내가 '지금!'이라고 말하거든 책을 손에서 놓고 바로 이 남자의 자세를 취해보라. 그리고 나를 따라 외친다. "난 **승자**야! 나는 지금 최고로 **좋은 상황**이야! 난 **최고 영업자**야!"

그런 다음 다시 책을 집어들고 여기서부터 계속 읽는다. 준비됐는가? 지금!

......

어떤가? 아마 당신도 눈치 챘을 것이다. 이처럼 우울하고 절망적인 자세로는 나조차도 나의 '의욕고취용 좋은 말씀'들을 믿지 못할 것이다.

자, 그럼 다음 단계로 넘어가보자. 내가 '지금!'이라고 말하거든 자리에서 일어난다. 몸을 쭉 편다. 고개를 흔들고 발끝으로 선다. 양팔을 쭉 뻗고 손가락을 위로 쭉 밀어올린다. 위를 쳐다본다. 몸을 최대한 크게 늘인다. 손은 주먹을 꽉 쥔다. 그리고 내 말을 따라 한다. "난 **루저**야. 난 **실패**했어. 이번에도 **또 실패**하고 말 거야."

그런 다음 다시 책을 집어들고 여기서부터 계속 읽는다. 오케이? 준비됐는가? 지금!

......

이 두 번의 연습을 하면서 아마 당신도 내 세미나 참가자들처럼 실컷 웃었을 것이다. 기어를 바꾸려면, 스위치를 돌리려면 몸의 자세와 목소리, 호흡을 행동, 확신, 낙관주의 쪽으로 돌려야만 한다. 목소리도 중요하다. 기분은 목소리에서 오기 때문이다. 그리고 무엇보다 몸을 움직여라. 산책을 하거나 헬스를 하거나 요가를 하거나, 뭐든 자신에게 맞는 것으로 운동을 하라. 우울에 빠지지 말고 무엇이든 하라. 세상에서 제일 간단한 이런 연습으로도 당신의 몸은 저절로 좋은 기분을 만들어낼 것이다. 우리는 정확히 우리가 뿜어내는 것을 자석처럼 끌어당긴다. 그래서 루저에겐 루저 고객이, 보통 영업자에겐 보통 고객이, 승자에겐 최고 고객이 찾아오는 것이다.

공이 튀어갈 지점에 가 있어라

조건과 핑계와 반론. 영업 사원의 일상은 이 세 가지 개념과 함께 한다. 그러므로 일단은 이 개념들이 무슨 의미인지 정확히 아는 것이 중요하다. 그다음으로 고객의 반응이 셋 중 어디에 해당하는지 판단할 수 있어야 한다. 그래야 앞으로 나아갈 수가 있다. 일단 첫 번째부터 시작해보자.

조건이란 당신의 제안에 따라 붙는, 측정할 수 있고 믿을 수 있으며 이해할 수 있는 객관적 정황이다. 당신이 집을 짓고 싶은데 그 지역의 건축법에 따라 짓자면 반드시 검은색 지붕을 덮어야 한다. 그럼 영업 사원이 제아무리 다양한 지붕을 공급할 수 있다 해도 그것이 죄다 붉은색이라면 당신은 그에게서 아무것도 살 수가 없다. 설사 그가 지붕을 선물해준다고 해도 받을 수 없다. 조건이란 그런 것이다. 지붕은 검은색이어야만 한다.

핑계는 당신의 제안에 대해 고객이 보이는 정서적 반응이다. 당신의 제안을 거절하고 싶지만 겁이 나서, 혹은 예의를 지키느라 적당한 논리를 들이미는 것이다. 모든 핑계는 항상 위장한 반론이다. 예를 들어 돈이 있으면서도 지금은 돈이 없다는 논리를 들이댄다. 그럴 때 영업자가 대출이나 리스 같은 방법을 제안한다면 고객은 다시 다른 핑계를 대면서 상황을 모면하려 할 것이다.

반론은 영업자의 제안에 반대하는 주관적 논리다. 따라서 제품이나 제안과 관련된 불완전하고 부족한, 혹은 잘못된 정보에서도 나올 수 있다. 하지만 한 가지만은 분명하다. 고객이 지금 반론을 제시한다고 해서 그를 잃어버린 고객으로 생각해서는 안 된다는 점이다. 그 반대다. 반론은 고객이 제품과 영업자에게 관심이 있다는 증거다. 관심이 있다는 것은 또한 구매에도 관심이 있다는 뜻이다. 그리고 구매에 관심이 있다는 것은 이미 절반은 계약 체결의 목표를 이루었다는 뜻이다.

⠿ 반론은 무너뜨릴 수 있다

조건에 대해선 아무리 뛰어난 영업자도 손을 쓸 수가 없다. 빨간 버스를 사겠다는 고객에게는 제아무리 뛰어난 최고 영업자라 해도 파란 카브리오를 팔 수 없는 것이다. 한 대 더 사겠다면 몰라도…….

핑계도 무너뜨릴 수 없다. 또 그래서도 안 된다. 핑계를 들이미는 고객은 그 핑계를 방패로 삼고자 한다. 그런데 그 방패를 뺏어버린다면 발가벗겨진 고객은 수치심을 이기지 못할 것이다. 그러므로 현명한 영업자라면 능수능란한 질문을 던져 고객의 진짜 반론이 무엇인지 밝혀내려 노력할 것이다. 돈이 없어서 못 산다는 고객이라면 이런 식의 질문을 던지는 것이다. "고객님, 그럼 돈이 충분하시다면요……?"

이때 질문은 이렇게 미완성으로 남긴 채 풍선처럼 공중에 둥둥 띄워둔다. 그래야 풍선을 잡고 싶은 마음이 고객에게 생길 것이다. 고객이 당신이 던진 풍선을 받으며 이렇게 대답한다. "그래도 안 살 겁니다." 그 즉시 영업자가 말한다. "그럼 분명 다른 이유가 있겠군요. 그게……."

침묵.

그쯤되면 하는 수 없이 고객이 속내를 드러내 보인다. "뭐……, 그쪽 제품의 내구성이 떨어진다는 소문도 있고 해서……."

바로 이것이다! 고객에게 창피를 주지 않고도 핑계의 껍질을 벗겨 진짜 반론을 찾아냈다. 반론이라면 마음 놓고 달려들어 무너뜨릴 수 있다.

물론 나도 잘 안다. 반론을 무너뜨리려면 엄청난 일을 해야 한다는 것을 말이다. 영업 상담 시간에만 노력해야 하는 것이 아니라 미리 작업에 들어가야 한다. 며칠, 몇 주, 몇 달, 심지어 몇 년이 걸릴 수도 있다. 반론 대처는 외국어처럼 배워야 하는 것이기 때문이다.

⁝ 영업 어휘를 늘려라

학창시절 영어 단어를 달달 외웠던 것처럼 훌륭한 영업자는 이 반론 대처법의 단어와 문장, 구문, 숙어를 달달 외워야 한다. 처음에는 나도 굳이 그럴 필요까지 있을까 생각했다. 젊은이다운 순발력과 입담만 있으면 간단히 해결할 수 있을 줄 알았다. 또 사람마다 쓰는 말이

다른데 달달 외워서 그게 무슨 소용이 있을까도 생각했다. 그런데 큰 착각이었다. 배우고 외우는 길을 피해갈 수 있는 영업자는 없다. 또 하나, 반드시 기억해라. 학습의 목표는 달달 외운 영업 어휘들을 최대한 많이 고객에게 늘어놓는 것이 아니다. 영업의 어휘를 최대한 확보하여 어떤 고객, 어떤 상황, 어떤 반론에서도 항상 두세 개의 적절하고 알맞은 대답을 구비하는 것이 목표이다. 여기서 적절하고 알맞다는 말은 상황에 맞고 고객에 맞고 당신의 개성에 맞는다는 뜻이다.

FSV 마인츠 감독 시절 위르겐 클롭은 어떻게 그렇게 적은 예산으로 훌륭한 경기를 할 수 있냐는 질문에 이렇게 대답했다. "나는 선수들에게 항상 공이 튀어갈 지점에 가 있으라고 가르쳤습니다."

끝까지 가봐야 끝을 알 수 있다

미하엘 슈마허는 2010년 헝가리 그랑프리에서 예전에 같은 팀 동료였던 루벤스 바리첼로를 거칠게 밀어붙였다. 그리고 그 대가로 큰 벌을 받았다. 벨기에 그랑프리에서 열 자리나 뒤로 물러난 지점에서 출발을 해야 했던 것이다. 당시 슈마허는 이렇게 말했다. "이기고 싶으면 한계선까지 가야 한다……. 우도 좌도 없다. 오직 이길 뿐이다. 경쟁에서 난폭해야 한다면 자신에게라도 난폭해야 한다." 하지만 슈마허가 세상 물정 모르는 철부지라고 생각하면 오산이다. 그는 자신이 도를 넘었다는 사실을 완벽하게 알고 있었다. "너무 거칠었다는 것을 깨달았다……. 이해했고 받아들였다……. 하지만 루벤스를 벽으로 밀어붙이는 것은 결코 내 의도가 아니었다."

끝까지 가보지 않으면 그 끝이 어디인지 알지 못한다. 영업자들도 때로는 어떤 결과가 나올지 미리 계산하지 않고 과감히 도전해볼 필요가 있다. 고객에게 일주일에 한 번씩 "정말 집요하시군요. 너무 서둘지 마세요"라는 말을 듣지 않는 영업자에겐 아직 밀고 갈 여지가 충분히 남아 있다.

⋮ 한계까지 밀어붙인다는 것

예전에 어떤 회사 사장을 만나 영업 사원 교육 문제를 의논하였다. 그런데 역시나 돈이 문제였다. "림백 씨, 강의료를 절대 깎아주지 않는다는 소문은 들었습니다. 정말 비싸던데요. 그래서 우리 영업 사원들에겐 너무 수준이 높은 분이 아닌가 고민이 됩니다. 돼지 목에 진주 목걸이가 아닌가, 괜히 비싼 분을 모셔다가 별 효과도 없으면 어쩌나 싶어요."

나는 아주 잠깐 생각에 잠겼다. '아, 주문이 날아가게 생겼구나.' 이런 상황에선 스탠다드 공법으로는 목표에 이를 수 없었다. 뭔가 용감무쌍한 짓을 해야 할 때였다. 나는 이렇게 대답했다. "두 가지를 말씀드리고 싶습니다. 첫째, 제게 지급하는 강의료의 절반은 세무서에서 환급받을 수 있습니다. 둘째, 자기 직원들을 그렇게 생각하는 사장님이라면 돼지니 진주 목걸이니 하는 말을 할 것이 아니라 자기 직원들을 바라보는 자신의 태도가 옳은지 고민해야 할 것입니다. 어쩌면 직원들의 업무 성과가 더 나아지지 않는 이유가 사장님의 그런 태도일 수 있으니까요."

오, 오, 오! 침묵이 이어졌다. 정적 속에서 나는 그가 자신의 자존심과 싸우는 소리를 들었다. 어떤 결과가 나올지 전혀 예상할 수 없었다. 나는 한계까지 밀어붙였고, 그 한계 너머에는 지도가 없었다.

다행히 그 사장은 괜찮은 사람이었다. "제 무기로 제가 한 방 얻어맞았군요. 너무 아픈데요."

그는 나를 내쫓지 않았고 오히려 계약서에 사인을 했다. 내가 그렇게 단호하고 명료하고 솔직하게 대답을 '했음에도 불구하고'가 아니라 '바로 그렇게 했기 때문'이었다. 내가 그의 직원들에게도 그렇게 대할 것이라는 것을 그가 알아차렸기 때문이었다. 그것이 나의 결정적 지점이었다. 그리고 그것이 일거리를 주었다. 그날 한계를 넘지 않았다면 나는 아마 내쫓겼을 것이다.

내 블로그 이웃인 안드레아스 놀덴도 한계를 넘은 적이 있었다. 고의가 아니라 실수였지만 이 즐거운 실수담은 고객의 No를 대하는 영업자의 자세에 대해 우리에게 한 수 가르쳐준다. 아래의 글은 '절대 포기하지 마라'는 제목의 내 블로그 글에 그가 단 댓글이다.

"제 직장 생활의 작은 에피소드를 들려드릴게요. 신참 시절…… 기업 자문 회사에서 텔레마케터로 일을 하였습니다. 그렇게 고객의 리스트를 따라가며 쭉 전화를 거는 겁니다. 한번은 어떤 여사장님이셨는데 거절을 하셨습니다. 10분 동안 이런저런 이야기를 나누었지요. 그런데 뭔가 원하는 것 같으면서도 아닌 것 같기도 하고……. 어쨌든 그날 승낙을 받아내지 못했습니다. 그런데 50명의 명단을 지나 다시 한 번 그분의 전화번호가 리스트에 올라 있었습니다. 저는 전혀 몰랐지요. 내 첫 마디를 듣자마자 그분이 말씀하셨습니다. '다시 전화해주셨네요……. 고민을 해봤는데…… 상담을 한번 받아보겠어요'라고요."

11

위기관리
: 위기를 맞닥뜨린
영업자를 위한 구명보트 14

살다 보면 그런 상황도 생긴다. 이유도 모른 채 상대의 심통을 건드리는 것이다. 한마디로 위기 상황이다. 때로 출구가 안 보일 정도로 심각할 수도 있다. 그럴 때 몇 가지 표준 대처법을 익혀놓으면 구명보트를 타고 무사히 빠져나갈 수 있다.

나 같으면 그런 상황에서 어떻게 빠져나오겠냐고? 못 들은 척할까? 농담으로 은근슬쩍 무마할까? 그 무엇도 통하지 않는다. 그런 상황에선 그런 전략이 안 통한다. 어떤 상황에서도 통하는 기본 태도는 바로 솔직함이다.

우아하게 자존심을 내려놓는 기술

아주 오래전 일이다. 유튜브도 페이스북도 없던 시절, 웹사이트 같은 것도 없었기 때문에 사진을 우편으로 보내던 시절이었다. 젊은 트레이너였던 나는 손에 사진을 들고 프랑크푸르트 공항에 서서 새 고객을 기다리고 있었다. 절차는 뻔했다. 사진과 같은 얼굴이 나오면 손을 흔들고 인사를 나누고 서서히 고객과 본론으로 들어가는 것이다.

남자가 게이트에서 나왔다. 나는 그를 향해 걸어가 다정하게 말했다. "오시는 길이 괜찮으셨습니까?"

즉시 그의 대답이 튀어나왔다. "안 괜찮았으면 여기 못 왔겠죠. 아니에요?"

오, 예! K.O패다! 순발력 있고 말 주변 좋은 영업 트레이너 림벡이 어쩌다 이런 실수를 했을까? 졸지에 분위기는 잔잔한 음악이 흐르는 엘리베이터 안처럼 어색해졌다.

살다 보면 그런 상황도 생긴다. 이유도 모른 채 상대의 심통을 건드리는 것이다. 한마디로 위기 상황이다. 때로 출구가 안 보일 정도로 심각할 수도 있다. 그럴 때 몇 가지 표준 대처법을 익혀놓으면 구명보트를 타고 무사히 빠져나갈 수 있다.

나 같으면 그런 상황에서 어떻게 빠져나오겠냐고? 못 들은 척할까? 농담으로 은근슬쩍 무마할까? 그 무엇도 통하지 않는다. 그런 상황에선 그런 전략이 안 통한다. 어떤 상황에서도 통하는 기본 태도는 바로 솔직함이다. 정직하게, 자연스럽게, 믿을 수 있게, 진실되게 행동하는 것이다. 그리고 자존심을 버린다. 위기에 처했을 때 나는 자존심을 버린다. 한 줌의 겸손, 한 술의 겸양이면 만사 오케이다. 대부분의 경우.

그날 공항에서도 나는 고객에게 승리를 양보하였다. 고객님께 당연히 드려야 하는 것이니까 기분 좋게 양보했다. 나는 말했다. "1 대 0으로 이기셨네요. 정말 바보 같은 질문이었습니다. 자, 그럼 미팅 장소로는 어디가 좋을까요?" 구명보트 1번을 탄 것이다.

성공의 가장 큰 위험은 오만해지는 것

얼마 전에도 비슷한 일을 겪었다. 그때도 나는 나의 미숙함을 인정하였다. 그리고 거기서 한 걸음 더 나아가 칭찬을 곁들였다. 이것이 바로 구명보트 2번이다. 이렇게 된 사건이었다. 나는 대기업의 영업부장과 전화 통화 중이었다. 우리는 오래전부터 알고 지내는 사이였고 서로를 매우 존경했다. 아마 우리 둘이 아주 비슷한 인간이기 때문일 것이다. 자존심이 하늘을 찌르는 두 남자! 그날의 주제는 다음 세미나 일정이었다. 세부 문제에서 의견을 조율하다가 내가 문득 다른 이야기를 꺼냈다. 그런데 수화기 저편이 조용해졌다. 아무 대답도 없었다.

서부 영화에선 이럴 때 항상 고독한 매미 한 마리가 울고, 바람이 불어와 잡목을 살짝 흔드는 법이다.

나는 당황했다. "어, 어떻게 생각하세요?" 내가 긴장을 녹이려고 먼저 질문을 던졌다. 그런데 상대의 목소리에서 웃음기가 느껴졌다. "하하하, 침묵의 힘이란. 좋아요, 다 좋아."

그가 잠시 나를 갖고 장난을 친 것이었다. 침묵을 이용해 대화의 주도권을 앗아간 것이었다. '와우, 대단한걸.' 실제로 그는 나보다 한 수 위였다. 그래도 상관없다. 아무리 그래도 모든 게임을 완승하지는 않을 테니. 아마 다음번에는 내가 조금 더 신경을 곤두세울 것이라고 생각했다. 나는 말했다. "0 대 1. 역시 진짜 프로와는 일할 맛이 나는군요."

하긴 이 정도의 상황은 상대적으로 쉽게 해동이 된다. 영업자가 살짝 긴장을 풀었거나 뭔가 소홀히 한 정도의 수준이니까 말이다. 하지만 영업자의 감정이 걸림돌이 되면 상황이 더 어려워진다. 당연히 호의나 온정 같은 따뜻한 감정을 말하는 것이 아니다. 상대가 내게 드러낸다 해도 도저히 두고 볼 수 없는 감정들, 즉 오만, 무례, 거만과 같은 감정들이다.

문제는 '자신의 오만을 깨닫고 난 후 어떻게 할 것인가?'이다. 유럽 마케팅 및 세일즈 전문가들의 커뮤니티 '클럽 55'에서 처음으로 강연을 할 때였다. 이 단체에 가입을 할 수 있으려면 먼저 회원들의 초대를 받아야 한다. 그리고 강연을 해야 한다. 그럼 그 강연을 듣고 회원들이 그를 회원으로 받아줄 것인지의 여부를 결정한다.

당시 나는 30대 초반이었다. 이미 업계에서 성공한 인물이었고 그

때까지 클럽 55에 초대받은 최연소 트레이너였다. 강연의 수준은 지금 기준으로 봐도 중간 정도는 되었다. 하지만 문제는 그것이 아니었다.

청중석에는 나의 오랜 롤모델이 앉아 있었다. 한스–우베 쾰러였다. 강연을 하는 동안 나는 그가 끊임없이 자기 노트에다 뭔가 적고 있는 것을 보았다. 깜짝 놀랐다. 그런 대단한 사람이 나 같은 풋내기의 강연 내용을 받아 적다니 말이다. 그 바람에 정말 아주 잠깐 동안 고삐가 스르륵 풀렸다. 청중석으로 한 걸음 내려가 그에게 다가간 내가 그만 참지 못하고 이런 말을 내뱉고 말았던 것이다. "쾰러 씨가 제 말을 받아 적고 있다니 놀랍군요. 배울 것이 좀 있나 봅니다."

허걱! 분위기가 싸늘해졌다. 갑자기 오한이 들었다 속에서 불이 났다 했다. 만인의 시선이 정확히 내 이마 뒤편의 교차점으로 모여들어 나를 그곳에 꽉 붙들어매는 것 같은 느낌이었다. 시선으로 사람이 죽지는 않겠지만 차라리 죽었으면 하는 심정이었다. 그 순간 니콜라우스 엥켈만의 다정한 시선을 포착하지 못했더라면 아마 그날의 강연은 그것으로 끝났을 것이다.

어떻게든 상황을 모면할 수 있는 나의 유일한 기회는 얼음 바다 한가운데에서 오직 이 따뜻한 시선에만 집중하는 것이었다. 구명보트 3번은 이거다. 지푸라기라도 잡고 매달려라.

성공의 가장 큰 위험 중 하나가 오만해질 수 있다는 것이다. 그날 나는 무례하고 거만한 멍청이였다. 주민센터 요가교실 선생이 달라이 라마한테 명상법을 강의한 꼴이었다.

⋮ 속도를 조금 늦추는 것도 좋다

혹시라도 이런 식의 실수를 저질렀을 땐 타인의 아량에 의지해야 한다. 나는 그나마 행운아다. 한스-우베 퀼러가 내 강의를 듣고 난 후 대가가 되려면 아직 좀 더 있어야겠다고 평을 했으니 말이다. 가만히 들여다보면 그 말엔 칭찬이 숨어 있다. 나의 창창한 미래가 아니라 한스-우베 퀼러의 위대함을 입증해주는 칭찬이.

최근에 한스-우베 퀼러가 에드가 K. 제프루아와 함께 나의 강연을 듣고는 이렇게 말했다. "림벡 강연이 이렇게 좋아진 이유는 내가 끊임없이 괴롭혔기 때문이지." 맞다. 그는 나를 쉬지 않고 자극하였다. 그는 나의 벤치마크다. 그리고 정말 행복하게도 나는 그의 친구가 되었다.

얼어붙은 분위기도 나쁘지만 이제 곧 폭발할 것 같은 순간도 심각하기는 마찬가지이다. 너무 긴장이 팽팽하여 금방이라도 불꽃이 타닥 튈 것만 같은 순간 말이다. 뛰어난 영업자라면 그런 순간 절대로 자존심과 자기 감정을 내세우지 않는다. 잘난 척하지 않는 것, 속도를 조금 늦추는 것도 간단하지만 아주 훌륭한 전략이 될 수 있다. "고객님. 그것도 흥미로운 부분이군요. 제가 제대로 이해했다면 ……일 텐데, 제가 제대로 이해했나요?"

상대의 의도를 요약 정리하여 압력을 살짝 빼는 것이다. 관제탑의 신호가 떨어지기를 기다리는 파일럿처럼 공항 위 하늘을 한 바퀴 더 돈다. 이것이 구명보트 4번이다.

물론 대다수의 최고 영업자들은 벌써 불꽃이 튀기 시작하고 번개가

치는 상황에서도 올바르게 대처할 줄 안다. 하지만 그러자면 상당한 자기확신과 용기가 필요하다. 예전에 내가 직접 경험한 상황이다. 열띤 협상 테이블에서 한 영업자가 갑자기 벌떡 일어서더니 외쳤다. "여러분, 잠시 화장실 좀 다녀오겠습니다. 그 사이에 커피나 한 잔씩 드시지요."

정확한 시점이었다. 덕분에 모두가 한숨을 돌릴 수 있었다. 커피를 마시고 나자 대화는 건설적인 방향으로 돌아섰고 결국 성공적으로 끝을 맺었다. 낙하산을 잡아당겨 펴는 줄, 그것이 구명보트 5번이다.

구명보트 6번은 출발부터 뭔가 일이 꼬이면서 상담이 원하는 방향으로 가지 않을 때 유용하다. "오늘은 시작부터 엉망이네요. 죄송하지만 잠깐만 기다려주시겠습니까? 잠시 나갔다 다시 들어오겠습니다. 그리고 처음부터 다시 시작하겠습니다"와 같이 말하는 것이다. 어쩌면 이런 말로 얼음이 정말 깨질 수도 있지 않겠는가.

출구 없는 상황에서 기억해야 할 것은

경력이 오래된 영업자라면 출구 없는 상황을 경험했을 확률도 높다. 어쨌든 영업자의 입장에서는 도무지 출구를 찾을 수 없는 그런 상황 말이다.

한번은 제약업체에서 교육 프로그램을 진행한 적이 있었다. 그곳 영업 사원들의 임무는 그 업계가 흔히 그렇듯 정기적으로 병원을 찾아가 의사와 이런저런 이야기를 나누며 자기 회사 제품을 홍보하는 것이다. 반면 마케팅 부서는 그런 영업 상담의 지침을 마련하고 제품에 관한 정보를 제공하는 것이다.

보통 다른 회사에선 마케팅부와 영업부가 같은 사무실을 쓰는 것이 바람직하다. 양쪽이 추구하는 목표가 동일하기 때문에, 함께 있는 것이 장점이 많다.

그런데 그 회사에선 사정이 달랐다. 거기선 영업부장과 마케팅부장이 다른 사무실을 쓰는 것은 물론이었고 전혀 다른 우주에서 생활하였다. 서로 못 잡아먹어서 안달이 난 그런 우주 말이다. 한쪽에선 영업부가 마케팅 정보를 너무 활용하지 않는다고 투덜거렸고, 반대쪽에선 고객과 만나 무슨 이야기를 나누건 그건 영업부 소관이라고 하소연하였다. 갑자기 한창 전투 중인 전선의 한가운데에 서 있는 꼴이 되었다. 누가 이기건 상관없이 반드시 한 명의 패자가 존재하는 그런 현실 말이다. 그리고 그 한 명의 패자는 바로 나였다.

⋮ 대화의 바닥으로 돌아가라

실제로 양쪽 모두가 나를 핑계로 이용했다. "림백 씨가 마케팅 자료는 읽어봤자 소용없다고 하던데요"라고 한쪽에서 나를 이용하면 다른 쪽에선 "림백 씨가 자료를 아예 읽어보지도 않고 그런 식으로 말합니다"라고 주장했다.

그러니까 내가 안 갈 데를 간 것이었다. 그 회사에 필요한 사람은 두 부장을 화해시켜줄 중재인이었지 영업 사원 트레이너가 아니었다. 두 부서가 반목에 모든 에너지를 쏟아붓는 그런 상황에선 제아무리 훌륭한 트레이닝도 아무 소용이 없다.

독일 희극배우 칼 발렌틴이 카우보이가 되어 협곡에 들어섰는데 한쪽 출구는 코만치 족이, 다른 출구는 수우 족이 숨어 있다면 어떻게 하겠냐는 질문을 받았다. 그는 이렇게 대답했다. "협곡에 뭐 찾을 게 있다고 들어가겠어요?"

내가 그 진리를 진즉에 알았더라면 그 회사의 제의를 받아들이지 않았을 것이다. 하지만 나는 이미 전쟁터에 발을 들였고, 이제 남은 방법은 정직하고 투명하게 행동하면서 최대한 총알받이가 되지 않기 위해 노력하는 것밖에 없었다. 안타깝게도 나의 노력은 완벽하게 성공하지 못했다. 한쪽이 있는 곳에서 영업 상담 지침에 대해 이야기를 했더니 그쪽에서 그걸 자신에게 유리한 쪽으로 이용하였고, 그 말을 들은 상대 쪽에서 뒤통수를 쳤다며 나를 비난했던 것이다. 내가 어떻게 해야 했을까? 나는 구명보트 7번을 택하였다. 정식으로 사과를 했다.

자발적으로 상대의 심통을 건드린 게 아니라 떠밀려 그렇게 되었다해도 영업자라면 실수를 인정하고 정식으로 사과를 하는 수밖에 다른 도리가 없다.

다행히 그런 골치 아픈 상황은 그리 많지 않다. 그보다는 영업자의 수다로 인해 고객이 혼수상태에 빠지는 경우가 훨씬 더 많다. 오토리버스를 선택해둔 카세트테이프처럼 영업자의 말이 계속되다 보면 어떤 일이 일어날까? 고객이 알아서 청력을 차단시킨다. 그렇게 말을 듣지 않는 사람한텐 아무리 좋은 논리를 펼쳐봤자 그야말로 쇠귀에 경 읽기다. 고객이 영업자의 말에 즉각 동의하지 않더라도 마음속으로는 내심 고개를 끄덕일 수 있다. 다만 그 제품을 어떻게 활용해야 할지 고민하느라 잠시 대답을 미루고 있을 뿐이다. 그런데도 영업자는 초조해서 이렇게 생각한다. '이런, 내 논리가 안 먹혔나 보네. 얼른 다른 논리를 들이밀어야겠다.' 하지만 그럴수록 고객은 더 굳게 입을 다물고, 그 반응에 더 겁을 먹은 영업자는 쉬지 않고 주절주절 온갖 논리를 늘어놓는다.

어느 순간 문득 정신을 차리고 보니 당신은 샛길로 빠져 하염없이 달리고 있고 고객의 생각은 이미 콩밭에 가 있다. 이럴 땐 얼른 가던 길을 멈추고 다시 고객이 살고 있는 지구로 돌아와야 한다. 그리고 허심탄회하게 질문하여 고객이 지금 무슨 생각을 하는지 알아내야 한다. "고객님, 그런데 이 점은 어떻게 생각하시는지요? 특히 가치를 두시는 부분이 있다면……?" 이것이 구명보트 8번이다.

고객이 알아서 "그렇군요, 영업 사원 씨. 당신 말이 다 옳습니다. 당신의 제품을 구매하기로 하지요"라고 말하리라 기대하지 마라. 그 비슷한 말을 기다린다면 계약은 이미 물거품이 된 것이다. '향기로운 Yes'보다 반론과 거절을 선사하는 고객이 훨씬 더 많은 것이 우리의 현실이다.

고객 상담을 계약 체결로 마무리 짓는 것은 영업자의 임무이지 고객의 임무가 아니다. 계약 체결을 확인하는 질문으로 상담을 마무리 짓자. 제때에! 너무 성급한 게 아닐까 미리 조바심 낼 필요는 없다. 성급하다면 고객이 알아서 그렇다고 말을 할 것이다. 그러니 이렇게 물어보라. "주문 확인서는 어디로 보내드릴까요? 수신인 주소가……? 상품 인도일은 언제가 제일 좋으세요?"

아무리 애를 써도
적당한 대답이 떠오르지 않는다면?

준비 부족으로 발생하는 위기도 흔하다. 실패한 영업 상담의 열에 아홉은 준비가 부족했기 때문이다. 그러므로 그런 일을 겪는다면 당신은 최고 영업자가 아니라고 봐도 좋다. 하지만 안심하라. 당신 혼자만 겪는 일은 아니니까.

뭔가 일이 잘못되고 있다는 느낌이 스멀스멀 밀려온다. 고객의 반론을 듣고 등골에 식은땀이 흐른다. 아무리 애를 써도 적당한 대답이 떠오르지 않는다. 반론 대처 연습을 소홀히 한 탓이다. 이 배의 난파를 막아줄 9번 구명보트는 바로 예의 바른 수긍이다. "고객님, 정말 정곡을 찌르는 질문을 해주셨습니다. 이 정도의 투자를 하시려면 당연히 짚고 넘어가야 할 부분이겠지요. 하지만 이 제품을 사용하시게 되면 여러 가지 이익이 있습니다. 이 정도면 정말 괜찮지 않습니까? 언제쯤 우리 제품을 사용하실 예정인지요?"

자, 대화가 어떤 식으로 흘러갔는가? 그렇다. 예의 바른 수긍, 유용성의 설명, 계약 체결을 마무리 짓는 질문…… 완벽하다.

또 다른 방법은 대화를 최대한 분석적으로 이끌어가며 부족한 정보의 틈을 메우는 것이다. 하지만 이 방법은 당신이 얼마나 준비를 못했는지 고객에게 자발적으로 고백하는 모양새가 될 수도 있다. 그러니까 잘될 수도 있지만 잘되지 않을 수도 있다는 소리다. 성패의 여부는 당신이 고객에게 얼마나 호감과 신뢰를 얻었느냐에 달려 있다. 그러므로 고객이 정보의 부족을 마이너스로 계산하지 않을 것이라는 믿음이 있을 때 써먹어볼 만한 방법이다.

어쨌든 훌륭한 영업자는 상황이 어떻게 돌아가건 솔직하고 정직해야 한다. 아는 척하는 것, 있는 척하는 것은 아무 도움이 안 된다. 오히려 문제를 더 악화시킬 뿐이다. 연극배우가 대사를 까먹는 것은 용서할 수 있는 일이다. 하지만 대사를 까먹어놓고 연기도 못한다면 그에게 돌아갈 것은 야유뿐이다.

⋮ 같은 눈높이에서 고객을 대하기

구명보트 10번은 왕 노릇을 하고 싶어 하는 고객에 대처하기다. 고객이 영업자를 하인 다루듯 함부로 대하며 깔본다. 이때 고객이 내미는 카드는 대부분 돈이다. 가격, 할인, 지급 조건, 취소 규정 등을 이용해 영업자를 괴롭힌다.

이런 고객을 만나도 뉴 하드셀러는 절대 굽실거리지 않는다. 아첨하거나 벌벌 기지 않는다. 뉴 하드셀러는 자신의 가격에 자부심을 갖는다. 단순히 가격만 비싼 것이 아니라 서비스와 품질까지도 뛰어난 '높은 가격-서비스-레벨'을 유지한다. 따라서 뉴 하드셀러는 왕처럼 군

림하려는 고객에게도 예의를 지키되 기개를 잃지 않으며 두 사람의 위치를 같은 눈높이로 끌어 맞춘다. "고객님, 가슴에 손을 얹고 생각해 보세요. 우리는 둘 다 프로입니다. 오다가다 만난 사이도, 오늘 보고 말 사이도 아니고요. 그러니 고객님도 잘 아실 겁니다. 만일 ……하지 않으시다면……."

이런 상황도 가정해보자. 지금 한창 고객과 상담을 하고 있다. 그런데 갑자기 고객의 전화가 울린다. 어떻게 할 것인가? 이렇게 말할 것인가? "편히 통화하십시오."

절대 아니다. 같은 눈높이를 염두에 둬야 한다! 구명보트 11번이다. 아무 말도 하지 말고 친절하지만 단호한 표정으로 고객의 얼굴을 쳐다보라. 또 한 번 그런 일이 일어나거든 친절하지만 단호한 음성으로 이렇게 말하라. "오늘 정말 바쁘시군요. 우리 상담을 다음으로 미룰까요? 아니면 비서실로 전화를 돌리시든지요. 시간을 최대한 효율적으로 활용해야 최고의 결과를 이끌어낼 수 있을 테니까요."

고객이 당신에게 뭘 마시겠냐고 묻는다. 당신은 이렇게 대답한다.

"아뇨. 조금 전 고객님께 커피 한잔 얻어 마셨습니다."

어떤가? 엄청난 부자여서 당신에게 막강한 유산을 물려줄 친척 아주머니 앞에서도 그렇게 대답할 텐가? 당연히 아니다. 반드시 마시겠다고 대답해야 한다. 안 그러면 상대는 당신의 말을 이런 식으로밖에 해석하지 않는다. "그 맛대가리 없어 보이는 커피는 너나 마셔! 네가 아무리 커피를 타줘도 난 방금 만난 고객이 더 좋아." 그러니 그런 식의 거절이 당신에게 줄 것은 보따리를 싸서 집으로 돌아가는 길뿐이다.

'아차, 내가 실수를 했구나' 하는 깨달음이 늦게나마 들거든 즉각 구명보트 12번에 올라타라. 앞뒤 말이 다르다는 인상을 줄 수도 있겠지만 말을 멈추지 말고 이렇게 대답하는 것이다. "그런데, 이거 냄새가 죽여주는데요. 도저히 안 마시고는 안 되겠습니다. 저도 한잔 주시겠어요?" 혹은 "혹시 물이 있나요? 한잔 마시면 정신이 번쩍 들겠는데요." 갖다준 물이나 커피를 한 방울도 남김없이 다 마시라고 강요할 이는 없다.

⋮ 고객이 중심이다

이런 상황도 있을 수 있다. 보통의 영업 사원은 이런 식으로 말문을 연다. "고객님, 이런 제안을 드리겠습니다. 제가 멋진 제품을 제공해드리겠습니다. 우리 회사가 최신 제품을 선보였습니다. 우리 제품이 행복한 생활을 보장해드릴 것입니다."

어디가 잘못되었는지 알겠는가? 그렇다. 곳곳이 다 실수투성이다. 영업 상담의 중심은 영업자나 영업자의 기업이 아니라 고객이다. 고객은 영업자가 무엇을 하든 관심이 없다. 그저 자신이 영업자에게서 무엇을 얻느냐를 알고 싶을 뿐이다. 그러므로 '내가 준다. 내가 제공한다. 내가 선보인다'라는 식의 표현은 잊어라. 고객이 중심이 되어야 한다. '고객님께서 받으시고, 얻으신다'라는 표현을 써야 한다. 아차, 이번에도 또 고객이 아니라 내가 주어가 되었다. 하지만 아직 늦지 않았다. 구명보트 13번이 있다. 앞에서 말한 문장을 다시 한 번 반복하는 것이다. 하지만 이번에는 제대로, 내가 아니라 고객을 주어로 삼아라!

이런 상황은 또 어떤가? 당신이 전화를 걸었다. 고객이 받자마자 말도 없이 툭 끊어버린다. 어쩌지? 슬픔에 젖어 머리를 쥐어뜯을까? 상처 입은 짐승처럼 혀로 상처를 핥아야 하나? 다시 전화기를 들기 전 잠시 마음을 가라앉혀준다는 차라도 마시며 마음을 다독일까?

나라면 당장 수화기를 들어 다시 전화를 걸 것이다. 그리고 이렇게 말할 것이다. "고객님. 이런, 전화가 끊겼네요……."

당황한 고객이 웃음을 터뜨릴 확률이 높다. 일단 웃음을 보인 고객은 전화를 끊지 않는 법이다. 구명보트 14번이다.

영업의 고수는 무엇이 어떻게 다른가

최고 영업자는 완벽하고 호감 가는 인성으로 사람의 마음을 얻는다. 그가 그런 인성을 갖추게 된 것은 부지런히 자신을 갈고 닦았기 때문이다. 뿐만 아니다. 최고 영업자는 영업의 노하우도 열심히 익히고 배운다. 자신에게 주어진 숙제를 하루도 거르지 않고 열심히 다 마친다. 오늘 하루도 그는 만난 고객 한 사람 한 사람에게 정성을 다한다.

허드슨 강의 기적을 일으킨 기장 체슬리 B. 설렌버거는 이십여 년 동안 쉬지 않고 비행 시뮬레이터로 예외 상황을 포함한 모든 상황을 연습하였다. 하지만 비행 시뮬레이터로도 미처 연습하지 못한 상황이 닥쳤다. 새가 빨려 들어가면서 엔진 두 대가 모두 멈추고 만 것이다. 비행기는 만석에 연료를 가득 채운 상태였고, 출발 직후라서 아직 인구 밀집 지역의 상공을 미처 벗어나지 못한 상황이었다. 시간이 없었다. 즉각 해결책을 찾아야 했다.

그는 조종간을 잡고 부조종사에게 말했다. "내가 하겠네." 자신의 생명과 전 승객 및 승무원의 생명, 그리고 발아래 도시 주민의 생명이 그의 손에 달려 있었다.

출발했던 공항으로 돌아가는 것은 불가능했다. 가장 가까운 공항인 뉴저지의 테터보로 공항 역시 비행 고도가 충분하지 않아 고려 대상에서 제외되었다. 관제탑도 아무런 해결책을 내놓지 못했다. 그는 이런저런 대책없는 제안들을 무시하고 결단을 내렸다. 남은 착륙 지점은 단 한 곳뿐이었다. 뉴욕 한가운데의 허드슨 강만이 유일하게 인가가 없으면서 착륙에 필요한 면적이 확보되는 지점이었다. 엔진이 멈춘 시점부터 비상 착륙을 결정한 시점까지 걸린 시간은 불과 3분 30초였다.

기회는 단 한 번뿐. 비행기가 물에 닿기 직전 앞부분을 들어올려야 했다. 그렇지 않으면 비행기가 공중회전하면서 허드슨 강에 추락할지도 몰랐다. 그러자면 날개가 정확히 평행이 되어야 했다. 또 속도를 최대한 낮추되 실속을 예방할 정도는 되어야 했다.

"해낼 줄 알았습니다. 교육받은 대로 했으니까요." 훗날 그는 프로답고도 믿을 수 없을 정도로 겸손한 말투로 이렇게 말했다.

물론 최고 영업자의 경우 영업을 위해 생명을 걸어야 할 필요까지는 없다. 하지만 영업자에게도 강인한 정신력은 필수다. 자존감과 경험, 프로의식, 본질적인 것에 집중할 수 있는 능력과 의연함, 자신의 능력에 대한 확신도 필요하다. 허드슨 강의 기적을 일구어낸 영웅과 같은 성품이 필요한 것이다.

일은 엄격하게, 사람에게는 공정하게

한 사람이 기회를 포착하여 성공을 이룰 수 있는지의 여부는 마음가짐에 달려 있다. 자존감이 자기확신을 만들어낸다. 그 둘에 적절한 도구가 곁들여진다면 아무리 어려운 상황에서도 평균보다 많은 계약을 올릴 수 있을 것이다. 최고 영업자에겐 두려움이 없다. 실수를 할까 봐, 창피를 당할까 봐, 거절을 당할까 봐, 손해를 볼까 봐, 상사한테 야단을 맞을까 봐, 목표를 이루지 못할까 봐, 실패할까 봐 겁내지 않는다. 최고 영업자의 마음가짐, 기본 태도, 생각은 이 한마디로 정의할 수 있다. 바로 '승자의 자세'다!

이런 자세를 갖춘 사람은 고객을 함부로 판단하지 않는다. 제아무리 멍청이라 할지라도 남에게 수준 있는 상류계층으로 보일 수는 있다. 연미복을 사고 나비넥타이를 매고 파티에서 칼과 포크로 자기 손만 찌르지 않으면 된다. 하지만 파출부나 택시 기사, 심지어 거지까지도 마음 깊은 곳에서 우러나온 존경심으로 대하는 능력은 아무나 구비할 수 있는 기술이 아니다. 그렇게 할 수 있는 사람이라면 높은 사람과 만나는 자리에서도 뱀을 본 쥐새끼처럼 부들부들 떨지 않을 것이다.

다른 사람에게 보내는 존경심을 자신에게도 선사할 줄 아는 사람은 상황에 맞는 옷을 입을 것이고 그 자신감을 예의와 시간 엄수, 공손함의 모습으로 보여줄 것이다. 그래서 정말로 운이 나쁜 날에도 나름의 해결책을 찾아낼 것이다. A3 용지를 꺼내 자신의 성공 사례를 처음부터 쭉 적어나갈 것이다. 그는 수백만의 정자와 경쟁하여 난자를 수

정시킨 제일 빠른 정자의 결과물이다. 그것이 그가 거둔 첫 승리였다. 볼거리와 홍역도 무사히 이겨냈고 초등학교도 졸업했으며 동네 축구팀에서 활약하였고 용기를 짜내 아름다운 빨간 머리 소녀에게 키스도 했다. 운전면허증을 단 한 번 만에 땄고 학생회장 선거에서 당선되었으며 그 떨리던 첫 영업 상담도 놀라운 성과를 거두며 무사히 해치웠다. 종이를 들여다보며 그는 이렇게 말할 것이다. 그래, 이 모든 일을 다 해냈어. 그러니 앞으로도 멋지게 해낼 수 있을 거야. 왜? 난 승자니까.

영업자는 항상 깔끔하고 정직하고 공정해야 한다. 때로는 목표를 이루기 위해 잔머리를 굴려야 할 때도 있겠지만 거짓은 결코 용납되지 않는다. 진실을 어떻게 해석하건 숫자와 사실과 자료는 항상 맞아떨어져야 한다. 누군가 20년간 거래를 해온 당신의 고객에게 "그 영업자 어때?"라고 물었다고 상상해보자. 그는 아마 이렇게 말할 것이다. "좋지, 정말 잘하는 영업자야."

'일은 엄격하게, 사람에게는 공정하게.' 이것이 고객을 속일 필요가 없는 최고 영업자의 신조이다. 하지만 절대 아첨꾼이 되라는 말은 아니다. 최고 영업자는 항상 고객과 같은 눈높이에서 일한다. 매사 엄격하고 깐깐하지만 그 잣대는 자신에게도 적용된다. 그는 항상 자신의 제품과 기업에 확신을 갖고 고객을 맞을 준비에 완벽을 기한다. 언제나 자발적으로 대화에 임하며, 그날, 그 거래에서 자신이 양보할 최소의 요구 조건이 무엇인지 정확히 안다.

나머지는, 행복과 성공은 저절로 따라온다. 그러므로 처음부터 성공에 안달복달할 이유가 없다.

⋮ 영혼을 팔지 마라!

"림벡 씨, 우리 사장님을 꼭 뵙고 가세요." 유명 기업의 인사 부장이 말했다. "다음번에 오실 때는 꼭 뵙고 가셔야 합니다. 그런데 미리 말씀드리지만 포르셰는 안 보이는 곳에 세워두시는 게 좋을 겁니다. 사장님이 안 좋아하실 것 같아서요."

나의 포르셰를 숨기라고? 그 말은 나를 숨기라는 뜻이다. 왜 그래야 하는데? 나는 한 번도 그런 짓을 해 본 적이 없다. 내가 성공을 했다고 해서 나를 숨겨야 할 이유는 없다. 더구나 내 자동차는 내 삶의 일부이자 내 열정과 에너지의 표현이기도 하다. 나의 파워를 입증하는 증거인 것이다. 말도 안 되는 소리! 위험은 내가 감수할 것이다. 사장이 별 말 없이 넘어갈 수도 있지 않은가.

그래서 나는 포르셰를 몰고 그 회사로 갔다. 프레젠테이션은 한 시간 예정이었다. 시간은 넉넉했다. 저녁에는 축구를 보러갈 생각이었다. '나의 팀' 아인트라흐트 프랑크푸르트가 알레마니아 아헨을 상대로 DFB컵 8강전을 치를 예정이었던 것이다.

프레젠테이션은 잘 끝났다. 그런데 그날의 진짜 방문 목적이 달성되지 않았다. 사장님이 나타나지 않은 것이다. 경기는 저녁 7시에 시작한다. 그러니까 늦어도 5시 10분 전에는 출발을 해야 경기장에 닿을수 있다. 오후 4시 38분, 마침내 사장님이 회의실로 들어와 내게 다정하게 인사를 건넸다. 화기애애한 분위기에서 대화가 시작되었다. 하지만 5시 10분이 되자 나는 도저히 더는 참을 수가 없었다. "사장님, 죄송하지만 이젠 정말 가야겠습니다. 축구 경기가 있어서요. 동호회

친구들과 축구장에서 만나기로 약속이 되어 있습니다. 제게 축구는 직업을 보완해줄 가장 중요한 취미입니다. 더구나 오늘 저녁 경기엔 와인 한 병도 걸려 있습니다. 죄송합니다만 가야겠습니다. 아니 가고 싶습니다."

나는 미친 듯이 액셀러레이터를 밟았고 다행히 경기 직전에 도착했다.

그래서 일거리를 하나 잃었을까? 그렇지 않다. 사장님이 화를 냈을까? 그렇지 않다. 포르셰와 축구 때문에 사장이 내게 안 좋은 감정을 갖게 되었을까? 그렇지 않다. 오히려 정반대다. 그사이 우리는 너나들이하는 사이가 되었고 벌써 몇 년 동안이나 존경과 호의로 서로를 대하고 있다.

자신을 전문가로 존중한다면 굽힐 필요가 없다. 그리고 굽힐 필요가 없는 사람의 사전엔 실패란 없다.

영업의 고수는 다르게 생각한다

초판 1쇄 발행 2015년 9월 1일
초판 3쇄 발행 2016년 1월 15일

지은이 마르틴 림벡
옮긴이 장혜경
펴낸이 박선경

기획/편집 • 권혜원, 이지혜
마케팅 • 박언경
표지 디자인 • dbox
본문 디자인 • 김남정
제작 • 디자인원(031-941-0991)

펴낸곳 • 도서출판 갈매나무
출판등록 • 2006년 7월 27일 제395-2006-000092호
주소 • 경기도 고양시 덕양구 은빛로 43 은하수빌딩 601호
전화 • (031)967-5596
팩스 • (031)967-5597
블로그 • blog.naver.com/kevinmanse
이메일 • kevinmanse@naver.com
페이스북 • www.facebook.com/galmaenamu

ISBN 978-89-93635-61-4/03320
값 14,000원

• 잘못된 책은 구입하신 서점에서 바꾸어드립니다.
• 본서의 반품 기한은 2020년 9월 30일까지입니다.

이 도서의 국립중앙도서관 출판예정도서목록(CIP)은 서지정보유통지원시스템 홈페이지
(http://seoji.nl.go.kr)와 국가자료공동목록시스템(http://www.nl.go.kr/kolisnet)에서 이용
하실 수 있습니다. (CIP제어번호: CIP2015022293)